本书系深圳大学教材出版项目成果

丛书主编　张玉金

汉字与避讳
（第二版）

卜仁海　著

暨南大学出版社
JINAN UNIVERSITY PRESS

中国·广州

图书在版编目（CIP）数据

汉字与避讳/卞仁海著. —2 版. —广州：暨南大学出版社，2017. 12（2018. 10 重印）
（汉字中国）
ISBN 978 - 7 - 5668 - 2250 - 5

Ⅰ. ①汉…　　Ⅱ. ①卞…　　Ⅲ. ①汉字—避讳—研究—中国　　Ⅳ. ①H12②K892. 98

中国版本图书馆 CIP 数据核字（2017）第 268528 号

汉字与避讳（第二版）
HANZI YU BIHUI（DIERBAN）
著　者：卞仁海

· ·

出 版 人：徐义雄
策划编辑：杜小陆　刘　晶
责任编辑：刘　晶　高　洵　陈波先
责任校对：曾　栩
责任印制：汤慧君　周一丹

出版发行：暨南大学出版社（510630）
电　　话：总编室（8620）85221601
　　　　　营销部（8620）85225284　85228291　85228292（邮购）
传　　真：（8620）85221583（办公室）　85223774（营销部）
网　　址：http：//www. jnupress. com
排　　版：广州良弓广告有限公司
印　　刷：佛山市浩文彩色印刷有限公司
开　　本：850mm×1168mm　1/32
印　　张：7.5
字　　数：200 千
版　　次：2015 年 2 月第 1 版　2017 年 12 月第 2 版
印　　次：2018 年 10 月第 3 次
定　　价：29.00 元

（暨大版图书如有印装质量问题，请与出版社总编室联系调换）

总　序

当人类从野蛮跨入文明，一些民族发明并使用了文字。如巴比伦人的楔形文字、埃及人的象形文字、玛雅人的图形文字等。我们的先人，同样也发明并使用了象形文字。

然而到了今天，其他几种古老的文字体系都消亡了，只有我们的汉字至今还存活着，并呈现出勃勃的生机。在可以预见的将来，它都不太可能被废弃。这是为什么？

传说汉字是四目的仓颉所造的。他创造文字之后，"天雨粟，鬼夜哭"，真是惊天地、泣鬼神的壮举。即使在今天，还有人把汉字的创造看成是中国人的第五大发明。的确，汉字对中华民族的贡献，怎样评价都不过分。

汉字具有超时代性，使我们后人很容易继承先人所创造的伟大文明。中华民族生生不息，中华文明薪火相传，绵延不绝。汉字居功至伟。

汉字具有超地域性，使得居于不同地域、操不同方言的人们能顺利交流，维系着我们国家的统一和民族的团结。汉字功不可没……

汉字身上，蕴藏着无穷无尽的奥秘，等待着我们去探究。

　　然而以往对汉字的研究，多是就汉字研究汉字，如研究汉字的本义和形体结构，探究汉字的起源、发展、结构等。有时就汉语研究汉字，探讨汉字与汉语的关系。

　　近些年来，一些学者开始研究汉字自身所具有的文化意义，探讨汉字与中国文化的关系。

　　但是，到目前为止还没有人从中国文化生态系统的角度来研究汉字。本丛书就是从中国文化生态系统的角度来研究汉字的。

　　所谓中国文化生态系统是指由影响中国文化产生和发展的自然环境、科学技术、经济体制、社会组织及价值观念等变量构成的完整体系。人类的活动是社会的主体，人类的文化创造可以划分为科学技术、经济体制、社会组织及价值观念等四个层次，这些因素构成文化生态系统的结构模式。与自然环境最近、最直接的是科学技术一类智能文化；其次是经济体制、社会组织一类规范文化；最远是价值观念。对人类的社会化影响最近、最直接的是价值观念；其次是社会组织、经济体制；最远的是自然环境，它对人类社会化的影响是通过经济体制、社会组织及价值观念等中间变项来实现的。

　　汉字是一种文化现象，所以可以从中国文化生态系统角度来研究汉字。把汉字与中国文化生态系统联系起来，考察汉字所赖以产生的整个文化生态系统及其对汉字的影响，考察汉字中蕴涵的中国社会结构、经济土壤、文化系统和自然环境等各方面的信息。

　　本丛书的创新点，不是仅就汉字论汉字、仅就汉语论汉字，也不是仅就中国文化来论汉字，而是联系它所赖以产生的整个文化生态系统，从而达到对汉字的更为深入全面的剖析。

　　本丛书从汉字与人、汉字与社会、汉字与经济、汉字与文化、汉字与自然等五个大的角度来研究汉字，共提出39个研究子课题，每个子课题都写成一本小书。这些子课题如下：

　　一、人：汉字与人体。

　　二、社会：汉字与婚姻家庭、汉字与宗法、汉字与职官、汉字与战争、汉字与汉语。

　　三、经济：汉字与农业、汉字与渔猎、汉字与手工业、汉字与贸易。

　　四、文化：

　　（一）物质文化：汉字与饮食、汉字与服饰、汉字与建筑、汉字与交通、汉字与玉石、汉字与文房四宝。

　　（二）制度文化：汉字与刑法、汉字与度量衡。

　　（三）精神文化：汉字与乐舞、汉字与书法艺术、汉字与神话、汉字与对联、汉字与数目、汉字与医疗、汉字与色彩、汉字与经典。

　　（四）心理文化：汉字与民俗、汉字与姓名、汉字与避讳、汉字与测字、汉字与字谜、汉字与宗教、汉字与道德、汉字与审美、汉字与思维。

　　五、自然：汉字与植物、汉字与动物、汉字与地理、汉字与天文。

　　本丛书的读者对象是具有高中及以上学历的学生和一般国人，也包括学习汉语汉字的海外华人、外国学生和一般外国人。

　　全面揭示汉字所蕴含的中国文化生态系统信息，可以让普通民众和大中学生对我们天天使用的汉字有更为深入的了解，有利于提高基础教育和高等教育的水平，有利于提高中华民族的科学文化水平；还可以让学习汉语的外国学生和一般外国人对汉字及其背后的文化生态系统，特别是两者的关联有更多的了解，这有利于汉字汉语汉文化走向世界。

张玉金

2014.12

目　录

一、汉字遇避讳，州官可放火

——魔方与奇葩的邂逅

宋代有一州官名田登，忌讳名字的谐音"灯"字，举州讳"灯"为"火"，上元时节，州府发榜："本州依例放火三日。"这就是家喻户晓的"只许州官放火，不许百姓点灯"之由来。

连接镇江和扬州的长江公路大桥，起初命名为"镇扬大桥"，但"镇扬"字面就有压制、抑制扬州的意思，扬州人不接受，必须回避"镇"字。

只许州官放火，不许百姓点灯

镇江古名润州，于是就有高人提出以"润州"代替"镇江"，命名为"润扬大桥"。"润扬"，滋润扬州也，扬州人自然乐于接受，同时使大桥的名称既有现代气息，又有历史文化底蕴，皆大欢喜。

可见，使用汉字时必须考虑避讳问题，汉字和避讳关系密切。

（一） 汉字，民族文化的 DNA

语言文字不仅仅是交流思想的工具，也是文化的载体；汉字作为记录汉语的符号系统，承载了源远流长的汉民族文化。

世界上的文字可分为表音和表意两种体系。汉字是表意的方块字，其形、其义、其声都蕴涵了丰富的民族文化元素，形成了我国绚丽辉煌的民族文化。更重要的是，我们的许多传统文化现象正因为有了汉字，才得以说明和解释，它能够说明我们的文化模式、行为模式和思维模式；我们的文化也靠汉字及其记录的汉语得以传承。没有哪一种事物能比汉字承载更多的中国文化的因素，因此，我们说，汉字是中国文化的 DNA。

联合国有阿拉伯语、汉语、英语、法语、俄语、西班牙语 6 种工作语言。在这 6 种文字版本的文件中，中文永远最薄，表明了中文无与伦比的表达能力。汉字，形象、声音、辞意，三位一体；阴阳上去，抑扬顿挫，绘画美、建筑美、音乐美兼具。王之涣之诗："白日依山尽，黄河入海流。欲穷千里目，更上一层楼。"对仗严谨，平仄悦耳，气势宏大，辞约意丰。徐志摩之诗："轻轻的我走了，正如我轻轻的来；我轻轻的招手，作别西天的云彩。"轻盈婉转，真挚隽永，宛如一曲优雅动听的轻音乐。

外来文化从未改变过我们的文化 DNA。丝绸之路很早就开通了，把中国的茶叶、瓷器和丝绸运往欧洲，但欧洲的字母没有跟着来，因为有我们的汉字抵制它。要知道，从罗马时代开始，文字的拉丁化浪潮曾先后席卷了整个世界！佛教由印度传入中国，但印度的表音字母也没有跟着来中国，跟着来的只有 36 个字母，可那是字母（音韵）知识，还是用汉字写的。后来西学东渐，利玛窦和他的后续者带来了罗马字母及其承载的欧洲科技，中国人只接受了后者，前者尽管来势汹汹，可没有和他们的坚船利炮一样，在中国所向披靡，而是被汉字打回了其欧洲老家。

《阿房宫赋》："六王毕，四海一。蜀山兀，阿房出。"这是秦始皇的武功。然而，今天看来，秦始皇用小篆统一的文字中国也许比他统一的版图中国更有意义，因为前者意味着文化中国的统一。后来的中国也曾分崩离析，但很快就统一了，决定这"分久必合"大势的，应该是我们的文化。可见，汉字对培养我们的文化认同感功不可没。汉语方言复杂，同一个语素，用方音来念，可以迥然不同。如"输"，北京念 shū，四川念 sū，湖北念 xū，可是用汉字写下来，"输"这个形体各地都能理解。统一而稳定的汉字，能突破时空限制，使不同方言区的人可以看懂彼此写的书面语，这就是汉字的"超方言"魔力。柏杨曾说："汉字像一条看不见的魔线一样，把言语不同、风俗习惯不同、血统不同的人民的心声，缝在一起，成为一种自觉的中国人。"（《中国人史纲》）但罗马帝国统一的欧洲大陆四分五裂之后，却再也没有统一过。有人把它和中国大陆相反的命运，归因于它拉丁化的文字，这也绝非危言耸听。罗马帝国采用统一的拉丁文字记录各地的语言，拉丁文字是一种表音文字。罗马帝国灭亡后，言语相异的各地人分别用拉丁字母拼出他们自己的语言，形成他们的文字，衍生出各自的文化，形成不同的国家。拼音化的后果，是使先前文字所承载的文化丧失，文化DNA也不复存在。从此，欧洲大陆就再也没有统一的文化基础。甚至有人推断：假定拉丁文也是方块字而不是拼音字的话，欧洲或许早已统一为单一的国家。我们也可以照此推断下去：如果没有汉字，当今中国的版图也可能是按照方言区分成的不同的国家。是汉字统一了中国！

汉字承载的文化曾让我们的民族辉煌数千年，汉、唐、宋、元、明、清等朝代中国都曾是当时世界上最强大的国家。但是，自19世纪以来，仅一百多年的时间，我们落后了，积弱积贫，结果被西方打得体无完肤，一败涂地。于是，有人迁怒于我们的汉字及其承载的厚重文化。晚清以降，从世界语运动、国语罗马字运动，一直到汉字拉丁化运动，各种废除汉字的激进方案层出不穷，批判汉字落后之声不绝于耳，其中有谭嗣同、卢戆章、瞿秋白、钱玄同、鲁迅……激进派的心情可以理解，但常识的缺乏令人无法容忍。如果汉字落后，何以撑起曾有的数千年辉煌？国之兴亡，汉字无能为力，无辜的汉字为何还要为它的服务对象蒙羞？

秦砖汉瓦、钟鼎甲骨、诸子百家、经史子集……通过汉字，我们可以突破时空，和数千年前的祖先对话；通过汉字，我们继承传统的义理、考据、辞章、经世之学。因为有了一脉相承的汉字，我们成为当今世界上唯一一个没有文化断层的文明古国！汉字是我们的文脉，是七千年文明史的积淀。如果废除汉字改用拼音文字，无异于改变我们的文化基因，将五千年的历史文明做归零处理！

汉字的魅力还在于，它能形成独树一帜的、中华民族特有的艺术形式，如运用对偶的楹联、格律诗、骈文，还有含文字游戏性质的回文诗、字谜等，以及独特的艺术门类，如书法、治印（篆刻）。它们在愉悦我们身心和带来生活情趣的同时，更给我们带来民族的尊严。

如今，汉字承载的国学热兴起，国学和古老的汉字一起，历久弥新；传播汉语言文化的孔子学院遍布全球，方兴未艾。汉字这个生生不息的文化精灵，不仅将占世界五分之一的人们用同一种符号连接在一起，而且还作为我们文化的使者，将中华文明传播到世界各地，促进我们的民族复兴。在竞争日趋激烈的当今世界，文化的软实力能够支撑一个民族走得更远，我们的出路仍在汉字承载的文化。

（二）当汉字遭遇避讳

中国民间流传着一个巧媳妇的故事。巧媳妇的公公叫王九。一天，王九的朋友张九、李九，一个提着一壶酒，一个拿着韭菜来请王九喝酒。可王九不在家，请这个儿媳妇代为传话。等王九回来,儿媳妇转告说:"张三三、李四五,一个提着连盅数,一个拿着马莲菜,来请公公赴宴席。"这位媳妇为避家讳,巧用了几个替代词,既传了话,又回避了公公的名字"九"及其谐音之字。

唐高祖李渊,其太祖名李虎,唐时为避"虎"之名讳,讳"虎"为"豹",因此成语"管中窥虎"被改作"管中窥豹",至今沿用。

古时有个叫钱良臣的,很讲究避讳。他规定儿子在读书时凡遇到"良臣"两字,必须用"爹爹"来代替。一天,他儿子读《孟子》中的"今之所谓良臣,古之所谓民贼也"时,就摇头晃脑地读成了:"今之所谓爹爹,古之所谓民贼也。"钱良臣听了,哭笑不得:"这个地方,就照读好了,不用避讳。"

以上都是流传甚广的避讳例子。可见,中国避讳文化丰富多彩,源远流长。千百年来,避讳充斥于中国社会的方方面面,对人们的语文生活乃至社会生产、生活都产生了深远的影响。我们可以如是说:避讳是中国人生活的一部分。

汉字承载文化,当汉字遭遇避讳,避讳因借重了汉字而纷繁斑驳,汉字也因避讳而产生诸多变化。二者相依相生,共同滋养了中华文化百花园中的一朵奇葩:避讳文化。

立足文字,以语言文化为视角,爱成小书;力求其学术性、知识性、趣味性兼具,雅俗共赏。愿它为你推开避讳文化大观园的一扇窗:里面千娇百媚,风景独好。

二、洪宪传禁令，不许喊元宵

——避讳概述

（一）什么是避讳

袁世凯当政时期，觉得"元宵"听上去像"袁消"，便下令人们不许叫"元宵"，改叫"汤圆"。为此，有人写了一首打油诗："诗吟圆子溯前朝，蒸化煮时水上漂。洪宪当年传禁令，沿街不许喊元宵。"

我们常用的"筷子"，上古时称"箸"，由于与"住"谐音，船家行船打渔忌讳说"住"，于是就讳"箸"为"筷"。

汉代高祖名刘邦，时人便讳"邦"为"国"，"邦家"改为"国家"。"国家"一词至今沿用。

以上都是典型的避讳例子。所谓避讳，就是语言文字或生活中的禁忌，即出于畏惧、迷信、憎恨心理，或是由于礼制、政治等原因，在生活中不敢直接称说某物或某人之名，在行为方式上也要回避相关名物的行为。

（二） 避讳的类型

1. 按照避讳产生的不同原因，可以把避讳分为三种类型：俗讳、恶讳和敬讳

出于迷信或畏惧心理而讳用、讳言凶恶、不吉利字眼或其谐音的字，这是俗讳。如古代江淮商人讳言"折本"之"折（音shé）"字，就将猪舌之"舌"（折）改为和"折"字反义的"赚"字，把"猪舌"称为"猪赚"。古代吴人忌讳"离散"，就把"梨"称为"圆果"，把"伞"称为"竖笠"。至今民间还有这样的避讳：梨不能分来吃，也不能送病人；钟不能送给老人（"送钟"与"送终"谐音）；伞不能送给结婚的人（"伞"与"散"谐音）。江西景德镇出产的一种面包车的牌子叫"昌河"，在上海就没有人敢买，因为"昌河"在上海话里的发音是"闯祸"。在煤矿工作的人，不敢说"压、砸、卡"一类的音，在船上工作的不敢说"翻、断、掉"之类的音，在船上吃鱼也不能翻过来吃。有的地方正月十五前不能剃头，因为头发是旧年的，"旧"和"舅"谐音，剃头就意味杀旧（舅）。

出于对某人或某物的厌恶憎恨心理而讳言、讳用其名的字，这是恶讳。唐肃宗时，因憎恨安禄山，就改易了全国20多个带"安"字的郡县名："安定郡"改为"保定郡"，"安化郡"改为

"顺化郡"，"同安县"改为
"桐城县"，等等。北宋南迁
之后，因憎恨金人入侵，皇
帝遇"金"字均写为"今"
字。明人憎恶元人，于是讳
"元"为"原"，将"元
来"、"元籍"、"元任"、
"元由"改为"原来"、"原
籍"、"原任"、"原由"，沿
用至今。

安禄山

　　由于封建礼制礼俗的规定、约束，或出于敬重、畏惧等原
因，人们在书面语中或口头上不敢直呼君主、尊长的名字或其谐
音的字，这是敬讳。如东汉光武帝名"秀"，时人便讳"秀"为
"茂"，将"秀才"改为"茂才"。苏轼的祖父名"序"，苏轼为
文作序时只得改用同音的"叙"字。五代时有个叫冯道的官员，
让一位先生给他讲《道德经》，开篇"道可道，非常道"让这位
先生十分为难，于是改"道"为"不敢说"，开篇被他讲为"不
敢说可不敢说，非常不敢说"。

　　我们把俗讳和恶讳合称为忌讳。鉴于传统避讳学多是因礼
制、政治原因形成避讳（即敬讳）为研究对象，有必要将避讳区
分为广义和狭义两类。广义的避讳包括忌讳和敬讳，狭义的避讳

可概括如下：

$$
避讳（广义）\begin{cases}
忌讳\begin{cases}
俗讳（畏惧、迷信心理形成的避讳）\\
\\
恶讳（憎恶心理形成的避讳）
\end{cases}\\
\\
敬讳（礼制、政治原因形成的避讳，即狭义的避讳）
\end{cases}
$$

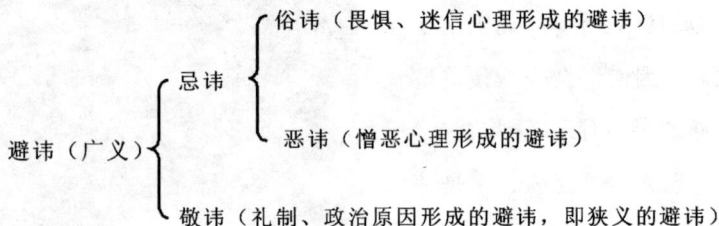

2. 按照所避名讳的用字情况，我们又可将避讳分为正讳、嫌名和偏讳

如果只避和君主或尊长之名相同之字，叫避正讳，如秦始皇的父亲庄襄王名楚，于是秦始皇把楚地之"楚"改为"荆"；汉文帝名刘恒，于是把"恒娥"改名"嫦娥"；晋简文帝郑后小字阿春，于是将用作书名的"春秋"改为"阳秋"。这些都是避正讳的例子。

名字的同音或近音之字也要回避，叫避嫌名。隋文帝的父亲名杨忠，隋人不仅要避"忠"字，同音的"中"字也要回避，遇"中"字须改为"内"字："侍中"改为"侍内"，"中书"改为"内史"，"殿中侍御"改为"殿内侍御"。

对于二字之名，先秦时也只需避免二字连用，无须每字避讳。如孔子母亲名徵在，孔子只要"言徵不言在，言在不言徵"，均不为犯讳，即所谓"二名不偏讳"（《礼记·曲礼下》）。但到了唐代，二字之名也须避"偏讳"。唐太宗名李世民，唐代不仅

"世民"不能连用，而且"世"、"民"单用时也要回避。如唐高宗将"民部尚书"改为"礼部尚书"；唐官修《隋书》、《南史》、《北史》等史书时将上述诸史中的"世"改为"代"，"民"改为"人"，都是避偏讳的例子。

3. 按照避讳的不同对象，我们又可将避讳区分为国讳（庙讳）、官讳、家讳和圣讳

国讳是指举国臣民都必须遵循的避讳，即普天同避。本指皇帝及其宗族名字之讳，故又称君讳、公讳；后来扩大，讳及皇后及其父祖的名字、皇帝的字、前代年号、帝后谥号、皇帝陵名、皇帝生肖等。比如秦始皇名政（正），时人便讳"正"为"端"，将"正月"改为"端月"。汉代皇帝名刘邦、刘盈、刘恒、刘启、刘彻、刘弗陵、刘询、刘奭、刘欣，汉代典籍就将"邦"改为"国"、"盈"改为"满"、"恒"改为"常"、"启"改为"开"、"彻"改为"通"、"弗"改为"不"、"询"改为"谋"、"奭"改为"盛"、"欣"改为"喜"。宋仁宗名叫赵祯，蒸包子、蒸馒头的"蒸"字就得改为"炊"字，"蒸饼"也改为"炊饼"。

上行下效，名讳也自上而下，很多地方官吏也大兴避讳之风，即所谓的官讳。本书前言中所提"只许州官放火，不许百姓点灯"就是典型的官讳例子。再如，五代唐平卢节度使霍氏名彦威，霍氏手下有一个叫郭彦璗的官员，为避上司的名讳，改名为"致雍"。官讳的范围比国讳小，仅限于地方官员管辖的区域，执

行起来也没有国讳严格。

家讳又称私讳，是家族内部遵守的回避父祖之名的行为。古代家国同构，家讳其实是国讳的一种延伸，同国讳一样，也是封建等级、伦理观念的体现。

《世说新语·排调》篇中记载了这么一个有关家讳的故事：

> 晋文帝与二陈共车，过唤钟会同载，即驶车委去。比出，已远。既至，因嘲之曰：与人期行，何以迟迟？望卿遥遥不至。会答曰：矫然懿寔，何必同群？帝复问会：皋繇何如人？答曰：上不及尧、舜，下不逮周、孔，亦一时之懿士。

钟会的父亲是三国著名的书法家钟繇，"繇"与"遥"同音。司马昭为了嘲讽钟会，故意犯了其父讳。而钟会也不甘示弱，由于司马昭的父亲为司马懿，与他同车的陈骞、陈泰的父亲分叫陈矫、陈群，陈泰的祖父叫陈寔，"矫然懿寔，何必同群"，一句话就将他们家里人的名字全捎带上了。

唐代"鬼才"诗人李贺父名晋肃，李贺为避"晋"之嫌名"进"，终生不得考进士；纵使他满腹经纶，也无用武之地，终生不得志，27 岁便郁郁寡欢而死。韩愈因此作《讳辩》为李贺辩解道：父亲叫晋肃，儿子就不能考进士；那如果父亲叫仁，儿子岂不是不能做人了吗？北宋大文学家苏轼因为讳祖父名"序"，向来不为别人之文作序，如果必须作这类文字，则改为"叙"，后觉不妥，又改为"引"。唐代"诗圣"杜甫，一生共写了近三千首诗，题材十分广泛，但因其母亲名海棠，尽管他寓居盛产海棠的四川多年，却从不以海棠为题材写诗；杜甫父亲的名字叫杜闲，为了避"闲"字的讳，杜甫写了一辈子的诗，却没在诗中用过"闲"字。《后汉书》的作者范晔，其父亲名叫范泰，所以在《后汉书》里有个叫郭泰的，竟神不知鬼不觉地变为"郭太"了，叫郑泰的，也变为了"郑太"。

所谓圣讳，就是封建时代圣人、贤者的名讳。圣人之讳以避孔子之名居多，如宋大观四年，为避孔子讳，朝廷改瑕丘县为瑕县；甚至连孔子母亲之名徵在，也在避讳之列。除孔子外，圣人之讳还包括孟子、老子、黄帝、周公等。汉代以后皇帝之名有时也称圣讳。有时也避贤者的名讳，如宋人郑诚非常敬仰大诗人孟浩然，有一次他经过郢州浩然亭时，感慨地说："对贤者怎么能够直呼其名呢?"于是把"浩然亭"改为"孟亭"。南朝文学家任昉曾游歙地，因此歙地有任昉寺、任昉村。后来虞藩为歙地刺史，认为应避讳贤者名字，于是便将寺、村名分别改为任公寺、任公村。

圣讳并不像国讳、家讳那样严格、广泛，执行起来强制性也弱。如果说圣讳仅仅限于道德层面的规定，那么国讳、家讳已经上升到法律层面，即国家意志。在历朝的法律中，哪些需要避讳，犯了讳该如何处罚，都有相应的条文加以规定，如《唐律·

职制篇》就规定："诸府号、官称犯祖父名，而冒荣居之者，徒一年。"

（三）什么是避讳学

历代都有人关注、研究避讳现象，避讳的研究已形成了一门学问，即避讳学。陈垣先生早在《史讳举例·序》中就指出："研究避讳而能应用之于校勘学及考古学者，谓之避讳学。"

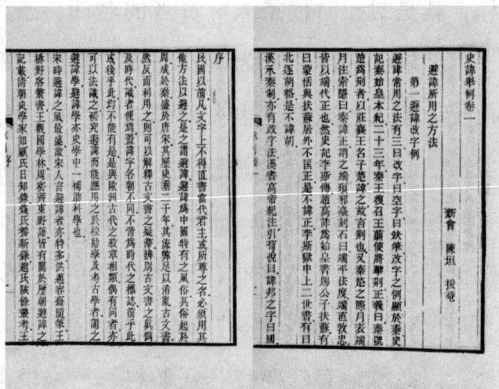

陈垣《史讳举例》书影

陈垣先生认为"避讳学亦史学中一辅助学科也"，可见，陈氏认为避讳学是从属于历史学的，或者是历史学的下位学科。从语言学的角度看，避讳是一种语言文字的替代行为，属于语言修辞手段，因此，长期以来避讳又被归入修辞学范畴，如陈望道的

《修辞学发凡》。此外，也有人把它归入社会语言学和应用语言学。而陈北郊先生的《汉语语讳学》中，虽然认为它是"一门独立的学科"，但他从词汇学的角度研究避讳现象，并名之为"语讳学"。民俗学也研究避讳，因此，避讳学又和社会学、普通心理学有关。避讳又是文化现象，也可以是文化学的一个分支学科。从历史上看，避讳曾经沦为皇权的统治工具，它又和政治学有关。同时，版本、校勘都要涉及避讳学，因此，它又和文献学有关。

可见，避讳学和历史学、语言学、民俗学、文献学、文化学等诸多人文学科密切相关。但是，避讳学不应该是以上诸多人文学科的附庸品，我们应该走出"盲人摸象"的误区，总结出避讳的一般规律，使之成为独立的避讳学。

独立的避讳学科应该称为普通避讳学或一般避讳学，它和诸多学科有关，所以它是边缘性的学科。它和相关学科结合，可以衍生出下位学科，比如史讳学、语讳学、俗讳学、避讳文化学、避讳文献学等。但这些下位学科应该是从属于避讳学的，而不是从属于其他学科。因此，从这个意义上说，陈垣先生所说的避讳学应该是避讳学的下位学科，即史讳学。

避讳学应该是工具学科。避讳研究的根本目的在于运用：避讳学要帮助读者扫清因避讳而引起的古文献的文字障碍，并解释和避讳有关的文化现象；对文史研究者而言，它有助于文史考证和古籍整理，比如古音古义考证、校勘古籍、考订年代、鉴别伪书、鉴定版本等。

至此，我们可以给出普通避讳学的概念界定：

普通避讳学是一门研究避讳现象发生、发展一般规律及其应用的边缘学科，它也是一门指导文史研究和古籍整理的应用型工具学科，与之密切相关的学科主要有历史学、语言学、民俗学、文献学、文化学等。

三、二名不偏讳，字里有规则
——汉字和避讳的规则

南朝梁武帝萧衍的父亲名顺之。有一次武帝宴请群臣，有一个叫萧琛的大臣，犯了武帝父名的偏讳"顺"字，武帝非常不高兴；但萧琛从容辩解："二名不偏讳，陛下不应讳'顺'。"梁武帝斥曰："各有家风。"萧琛继续辩解道："其如《礼》如何？"这里，萧琛利用了《礼记》中"二名不偏讳"的规则，为自己作了辩护。

避讳是有规则的：什么时候应该避讳，什么地方又可以不用避讳，犯了讳该如何处罚，历代都有相应的礼制或法律规定。可见，避讳不仅仅是道德规范，还上升到了法律层面，即国家意志。而无论避讳的规则如何制定，或者怎样变化，都或多或少和汉字发生联系。

（一）嫌名不讳：不避谐音之字

刘禹锡的《竹枝词》有"东边日出西边雨，道是无晴却有晴"句，句中巧用谐音汉字"晴"与"情"，使整首诗含蓄隽永，情趣盎然。避讳中的嫌名，也就是指汉字的谐音，即与名字声音相同或相近的字。《礼记·曲礼上》："礼，不避嫌名。"东汉郑玄注："嫌名，谓音声相近，若禹与雨，丘与区也。"即"禹"与"雨"、"丘"与"区"都是谐音之字。

早期的避讳只避正讳，无须避嫌名。如汉和帝叫刘肇，"肇"和"兆"同音，属于嫌名，但汉朝设有"京兆尹"这一官名，并未改"京兆尹"之"兆"字，即不避嫌名。

陆游《老学庵笔记》卷十记载："晋人避其君名，犹不避嫌名。康帝（即东晋康帝司马岳）名岳，邓岳改名嶽。"邓嶽，字子山，陈郡人，本名邓岳，因名字犯了晋康帝司马岳的名讳，改名邓嶽，而"嶽"即"岳"之嫌名，这里也并未避忌。

随着封建集权统治的加强和封建礼制的渐趋森严，避嫌名之风渐起。如汉宣帝名询，改"荀卿"为"孙卿"；三国时吴国立孙和为太子，为避"和"之嫌名"禾"，地名"禾兴"改为"嘉兴"；唐高祖父亲名李昞，须避嫌名"丙"、"炳"等，这些字都改为"景"，所以改"天和六年五月丙寅"为"天和六年五月景寅"。

（二）二名不偏讳：二字之名不逐字避讳

《礼记·曲礼上》："二名不偏讳。"唐代的孔颖达解释说：

"不偏讳者，谓两字作名，不一一讳也。孔子言徵不言在，言在不言徵者。"意思就是二字之名，不需每字一一避讳，"徵"和"在"只要不一起出现，就不算犯讳。

但"二名避偏讳"并没有完全得以执行，如南齐太祖萧道成，为避偏讳"道"字，时人薛道渊改名薛渊；北齐高祖神武皇帝高欢的父亲名叫树生，就须避偏讳"树"、"生"二字，如《北齐书·杜弼传》就记载了这样的故事："相府法曹辛子炎咨事云'取署'，子炎讳'署'为'树'，神武怒其犯讳，杖之于前。弼进曰：'礼，二名不偏讳，孔子言徵不言在，言在不言徵。子炎之罪，理或可恕。'神武骂曰：'眼看人瞋，乃复牵经引礼。'叱令出去。弼行十步许，呼还，子炎亦蒙释宥。"

唐初政治相对清明，还不避偏讳，避偏讳只是个人行为，并未上升至国家礼法制度，甚至唐太宗在武德九年还下令规定"世"、"民"二字无须偏讳："礼，二名不偏讳，近代以来，两字兼避，废阙已多，率意而行，有违经典。其官号、人名、公私文籍，有'世'、'民'两字不连续者，并不须讳。"陆游《老学庵笔记》卷十也记载："唐初不避二名。太宗时犹有民部，李世勣、虞世南皆不避。"但《老学庵笔记》卷十又载："世南已卒，世勣去'世'字，惟名勣。"可见，"二名不偏讳"在唐初也并未完全执行。

唐太宗酷爱东晋大书法家王羲之的《兰亭集序》帖，并命赵模等人做成拓本，以赏赐皇族和大臣。唐人何延之著有《兰亭始

末记》，记载了《兰亭集序》帖的
流传以及唐太宗酷爱该帖的故事，
其中有一段说："今赵模等所拓在
者，一本尚值数万钱也。人间本亦
稀少，代之珍宝，难可再见。"这
里就避了"世民"的偏讳，"世"
改为"代"，"民"改为"人"，
"人间"即"民间"，"代之珍宝"
即"世之珍宝"。

李世民

大约至唐高宗时，就以避偏讳为国家礼法制度，陆游《老学
庵笔记》卷十载："至高宗即位，始改（民部）为户部。"有个
叫杨隆礼的人，为避唐玄宗李隆基名之偏讳"隆"字，改名为杨
崇礼。甚至皇帝也要避前朝皇帝的名讳，如唐德宗时在重阳节设
宴款待文武诸臣，德宗在宴会上即兴赋诗《重阳日赐宴曲江亭》：

> 早衣对庭燎，躬化勤意诚。
>
> 时此万枢暇，适与佳节并。
>
> 曲池洁寒流，芳菊舒金英。
>
> 乾坤爽气满，台殿秋光清。
>
> 朝野庆年丰，高会多欢声。
>
> 永怀无荒戒，良士同斯情。

顾炎武在《日知录》考证说："时此万枢暇，适与佳节并。则讳'机'以与'基'同音也。"可见，唐德宗也要避前代皇帝的名讳：为避玄宗李隆基的偏讳"基"之嫌名"机"，他将"万机暇"改作"万枢暇"。

（三）同训代换：以同义或近义之字代替

汉代避讳，有一条不成文的规则特别引人注目，就是《颜氏家训·风操》中所言："凡避讳者，皆须得其同训以代换之。"所谓"同训代换"，就是选择同义或近义之字来避讳。总观两汉帝王的国讳，都很一致地采用了"同训代换"的避讳方法，列表如下：

朝代	帝号	国姓	讳字	代字（讳例）	讳训
西汉	高祖	刘	邦	国（邦家改为国家）	《说文》："邦，国也。"
	高后	吕	雉	野鸡	《玉篇》："雉，野鸡也。"
	惠帝	刘	盈	满	《说文》："盈，满器也。"
	文帝	刘	恒	常（恒山改为常山）	《说文》："恒，常也。"
	景帝	刘	启	开（微子启改为微子开）	《说文》："启，开也。"
	武帝	刘	彻	通（蒯彻改为蒯通）	《说文》："彻，通也。"
	昭帝	刘（初名弗陵）	弗	不（夏夫弗忌改为夏夫不忌）	《周礼》郑玄注："弗，不也。"

（续上表）

朝代	帝号	国姓	讳字	代字（讳例）	讳训
西汉	宣帝	刘	询（初名病已）	谋	《尔雅》："询，谋也。"
	元帝	刘	奭	盛（奭氏改为盛氏）	《说文》："奭，盛也。"
	成帝	刘	骜	俊	《说文》："骜，骏马。"
	哀帝	刘	欣	喜	《说文》："欣，笑喜也。"
	平帝	刘	衎（初名箕子）	乐	《诗经》郑玄注："衎，乐也。"
东汉	光武帝	刘	秀	茂（秀才改为茂才）	《说文》："秀，茂也。"
	叔父赵王	刘	良	寿良县改为寿张县	《广雅》："良，长也。"《庄子》陆德明释文："长，本又做张。"
	明帝	刘	庄	严（庄安改为严安）	《论语》皇侃疏："庄，犹严也。"
	章帝	刘	炟	著	《后汉书》李贤注引《古今注》："炟之字曰著。"
	和帝	刘	肇	始	《尔雅》："肇，始也。"
	殇帝	刘	隆	盛（伏隆改为伏盛）	《诗》集传："隆，盛也。"

（续上表）

朝代	帝号	国姓	讳字	代字（讳例）	讳训
东汉	安帝	刘	祜	福、贺	《说文》徐铉校录："此汉安帝名也，福也。"
	父清河孝王	刘	庆	贺（庆氏改为贺氏）	《广雅》："庆，贺也。"
	顺帝	刘	保	守	《左传》杜预注："保，守也。"
	冲帝	刘	炳	明	《说文》："炳，明也。"
	质帝	刘	缵	继	《说文》："缵，继也。"
	桓帝	刘	志	意	《说文》："志，意也。"
	灵帝	刘	宏	大	《尔雅》："宏，大也。"
	献帝	刘	协	合	《广韵》："协，合也。"

以上汉代26例皇族国讳，全部采用的都是"同训代换"，这种方法清代的周广业在《经史避名汇考》中又称为"讳训"。

由上表可以看出，汉代的皇族多以单字为名，尽管汉昭帝初名弗陵、汉宣帝初名病已、汉平帝初名箕子，但后来都分别改成了单名弗、询和衎。其实，在汉晋600多年间，单名占绝大多数，双名是很少的，以下就是家喻户晓的单名：

西汉：萧何、韩信、贾谊、张骞、卫青、张良、扬雄、曹参、樊哙、英布、陈平、周勃、李广、李陵、刘向、刘歆、枚乘、张汤。

东汉：蔡伦、华佗、班固、班超、窦固、邓晨、邓禹、李通、樊宏、刘植、耿纯、贾复、窦宪、马援、郑玄、李膺、陈蕃、范滂。

三国：曹操、周瑜、马超、黄忠、黄盖、孙权、张飞、关羽、曹丕、曹植、刘备、刘禅、孙坚、孙策、赵云、袁绍、刘表、陆逊、诸葛亮、鲁肃。

西晋：阮籍、嵇康、向秀、山涛、刘伶、阮咸、王戎、张华、陆机、陆云、左思、潘岳、何劭、任恺、石崇、王恺、傅咸、何曾。

东晋：孙恩、卢循、谢安、谢玄、谢石、王导、王敦、王含、王珉、祖逖、刘琨、庾亮、苏峻、祖约、桓温、殷浩、谢逸、朱序。

为什么汉晋期间盛行单名？我们也许可以从汉宣帝刘询元康二年改双名"病已"为单名"询"的诏书中得到答案：

> 闻古天子之名，难知而易讳也。近百姓多上书触以犯罪者，朕甚怜之。其更讳"询"。诸触讳在令前者，赦之。（《汉书·宣帝纪》）

可见，宣帝改为单名的原因是为了让人容易避讳。毕竟，单字之名可以让犯讳的可能性降到最低限度。汉晋期间的 49 位帝王，有 47 位是单名（包括由双名改为单名的 3 位皇帝）。何休《公羊传》注也解释了双名改为单名的原因："为其难讳也，一字为名，令难知而易讳。"

《汉书·匈奴传下》甚至记载王莽下令不得取双名的政令：

> 　　时，莽奏令中国不得有二名，因使使者以风单于，宜上书慕化为一名，汉必加厚赏。单于从之，上书言："幸得备藩臣，窃乐太平圣制，臣故名'囊知牙斯'，今谨更名曰'知'。"莽大悦，白太后，遣使者答谕，厚赏赐焉。

上行下效，因此，整个汉晋社会都盛行单名之风。但是，汉字毕竟是有限的，单名的盛行必然导致姓名的大量重复。据清人钱大昕《十驾斋养新录》记载，汉代有两个王莽、两个赵尧、两个王崇、两个王立……重名现象必然导致交际的混乱，《西京杂记》就有这样的故事：古代鲁国有两个曾参，南边的曾参杀了人被抓了起来，有人却跑去向北边的曾参之母报告。该故事虽然发生在春秋时期，但汉晋时期的重名所导致的混乱也是可以想见的。

后来五胡乱华，少数民族的复名制度冲击了中原地区的单名制度，加上单名导致的大量重名已经不能适应社会交际的实际需要，晋代以后，双名的大量出现已经是大势所趋了。

（四）已祧不讳：不避远祖的名字

太庙

祧，即七世以外的远祖之庙。按照古代礼制，七世以内属于近祖，血缘较近，他们的名字是需要避讳的。迁入祧里的已经是七世以外的远祖了，由于亲缘较远，他们的名字是不需要避讳的，即所谓"已祧不讳"。

但是，礼制又规定，无论有没有过七世，太祖之庙是不能入祧的，即所谓"不祧之祖"。因此，即使是过了七世的太祖之名，由于没有入祧，也需要避其名讳。

比如在唐代，唐高祖李渊、唐太宗李世民为不祧之祖，唐文宗时需要避肃宗、代宗、德宗、顺宗、宪宗、穆宗、敬宗七世以内帝王的名讳，以及不祧之祖高祖、太宗的名讳，而高宗、中宗、睿宗、玄宗由于属于已祧之祖，则无须避其名讳。

汉惠帝名盈，但《汉书·律历志》中有"盈元"、"盈统"、"不盈"等40处含有"盈"字的词语，并未避惠帝名讳。因为班固是东汉人，其时惠帝的排位早已入祧，符合"已祧不讳"的规则。

北宋真宗名赵恒，但宋人朱熹在《四书集注》中说："恒，常也。产，生业也。恒产，可常生之业也。恒心，人所常有之善心也。"可见，朱熹并没有避赵恒的名讳。明代的谢肇淛就解释说："宋真宗名恒，而朱子于书中'恒'字讳，盖当十宗之世，真宗已祧矣。"即朱熹是南宋人，其所在的时代已经超多十代皇帝了，真宗已经迁入祧庙，符合"已祧不讳"的规则，所以朱熹无须避讳。

虽然依礼应当"已祧不讳"，但是，实际上并没有得到严格执行，甚至隔了朝代，后人还须避前代帝王的名讳，如五代时，蜀主孟昶所刻石经，对唐高祖李渊、唐太宗李世民的名讳"渊"、"世"、"民"都做缺笔处理。

（五）已废不讳：不避被废黜者的名字

已废不讳就是凡被废者，不再避讳，如帝王、皇后、太子被黜，就不再避其名讳。唐高宗立二子李弘为太子，李弘被武则天害死后，高宗追封他为孝敬皇帝，当时并不避"弘"字。数十年后，即中宗复唐国号的神龙初年，又提出避太子追谥皇帝之讳，遂改"弘文馆"为"昭文馆"，二年又改为"修文馆"；到了玄宗开元七年废止，又复名"弘文馆"，从此不再讳"弘"字。颜真卿书《东方画赞碑》，"民"字缺末笔，"弘"字不避，即"已废不讳"。

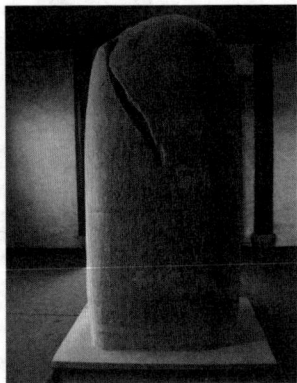

阳羡《封禅碑》

汉元帝之妻孝元皇后的父亲讳"禁"字，于是改"禁"为"省"，称"禁中"为"省中"，"宫禁"为"宫省"。但孝元皇帝死后，就不讳"禁"字。

《三国志·吴书》记载，赤乌五年（公元 242 年），孙权立儿子孙和为太子，于是天下讳"和"之嫌名"禾"，地名"禾兴"改为"嘉兴"。但赤乌十三年（公元 250 年）孙和被废为南阳王，就不再讳"禾"字，如吴末帝天玺元年（公元 276 年）吴兴阳羡山《封禅碑》中即书有"嘉禾秀疑"，也是"已废不讳"的例子。

（六）讳名不讳姓：只避名字，不避姓氏

《孟子·尽心下》："讳名不讳姓，姓所同也，名所独也。"意

思是，不避讳姓氏，只避讳名字，因为姓氏是同姓的人共有的，而名字是一个人独有的。如果讳姓，会使犯讳的概率大为提高，必然给交际带来混乱。

即使是名，如果是所指事务常用或常见，也不便避讳。因此，大的事物、常见的事物，尽量不用来命名，因为这类事物经常使用，一旦有讳，会给语言交际带来麻烦。所以《礼记·曲礼上》就规定："名字者，不以国，不以官，不以山川，不以隐疾，不以畜牲，不以器币。"

但是，"讳名不讳姓"的规则也没有严格执行。唐代道教勃兴，禁食荤腥是道教教规的一个重要方面，唐朝统治者尊崇道教，将道教的禁忌推行全国，遂禁止全国宰杀渔猎。道教经典中认为龙多为鲤鱼转化而来，神圣不可侵犯，食之者将遭遇大祸，加之"鲤"与唐国姓"李"谐音，唐代统治者于是严禁捕杀、食用鲤鱼。

据《明实录》和《万历野获编》记载，明武宗朱厚照以"朱"为国姓且自己又属猪的理由，就避嫌名"猪"，下旨禁止百姓杀猪，于是"民间将所畜无大小俱杀以腌藏。至庚辰春祀孔庙，当用豕牲，仪真县学竟以羊代矣"。后来内阁大学士杨廷和为让百姓安于生计，以《礼记》中"不避嫌名"的规则为由，上奏废止禁猪，昏庸的朱厚照自知理亏，禁猪令才无疾而终。

（七）诗书不讳：诗书经典不避文字

《礼记·曲礼上》："诗书不讳。"意思是在诵读《诗》、《书》等经典时，应该保持原文而不用避讳。

周文王名昌，《尚书·洪范》："人之有能有为，使羞其行，而邦其昌。"《诗经·周颂》："燕及皇天，克昌厥后。"以上均未避"昌"字。

周武王名发，《易经·坤卦》："发于事业，美之至也。""发"字也未加以避讳。

周成王名诵，《诗经·大雅》："听言则对，诵言如醉。"也并未避"诵"字。

冯道像

但是，后代避讳趋严，尽管有"诗书不讳"的规定，人们为了避免不必要的麻烦，还是尽量避讳。比如五代时有个叫冯道的官员，让一位先生给他讲《道德经》，开篇"道可道，非常道"就让这位先生十分为难，于是改"道"为"不敢说"，开篇被他讲为"不敢说可不敢说，非常不敢说"。

（八）临文不讳：作文时不避文字

《礼记·曲礼上》："临文不讳。"郑玄注："为其失事正。"意思是为了保证所记述事情的真实，写文章时不须避讳。

临文不讳之例，先秦多见。鲁庄公名同，而《春秋》中有"同盟"；鲁襄公名午，而《春秋》中有"陈侯午卒"；鲁僖公名申，而《春秋》中有"戊申"；鲁定公名宋，而《春秋》中有"宋人"、"宋仲几"。

《礼记》书影

汉代的韦孟写诗劝谏汉高祖刘邦的弟弟楚元王："至于有周，历世会同。王赧听谮，实绝我邦。"除此，《汉书·武帝纪·刑法志》有"建三典以刑邦国"与"万邦作孚"，均不避"邦"字。

"唐宋八大家"之一的韩愈，深恶避讳之繁，他在写诗作文时践行了"临文不讳"的规则，如《潮州上表》有"朝廷治平日久"、"政治少懈"、"巍巍治功"、"君陈相戒，以致至治"，《举张行素》有"文学治行众所推"，均不避唐高宗李治名讳；《袁州上表》有"显荣频烦"，《举韦觊》有"显映班序"，均不避唐中宗李显名讳；《贺即为表》有"以和万民"，也不避唐太宗李世民名讳。

宋仁宗御名为祯，《易经·乾卦》中有："乾，元亨利贞。"

有个叫胡瑗的人应召给宋仁宗讲《易经》，胡瑗直接把原文读出，并不避讳御名的嫌名"贞"，陪读的人都大惊失色，胡瑗却从容言道："临文不讳。"

（九）庙中不讳：祭祀时不避文字

《礼记·曲礼上》："庙中不讳。"意思是在庙中祭祀祖先时，不用避讳。

《诗经·周颂·噫嘻》：

> 噫嘻成王！既昭假尔。
>
> 率时农夫，播厥百谷。
>
> 骏发尔私，终三十里。
>
> 亦服尔耕，十千维耦。

《诗经·周颂·雝》：

> 有来雝雝，至止肃肃。
>
> 相维辟公，天子穆穆。
>
> 於荐广牡，相予肆祀。
>
> 假哉皇考！绥予孝子。

宣哲维人，文武维后。

燕及皇天，克昌厥后。

绥我眉寿，介以繁祉。

既右烈考，亦右文母。

　　周天子率领宗室的人在周代宗庙祭祖时，照例要歌《周颂》的乐章以纪念开国的文王和武王，歌词"骏发尔私"中的"发"字，是周武王的名讳，以及《雝》"克昌厥后"中的"昌"字，是周文王的名讳，但由于《周颂》是祭祀周文王、武王的歌词，子孙在宗庙里祭祀祖先，祭歌里唱出了始祖的本名并不避讳，即"庙中不讳"。

（十）君所无私讳，大夫之所有公讳：君王前直呼父亲名字

　　《礼记·曲礼上》："君所无私讳，大夫之所有公讳。"私讳就是家讳，公讳即国讳，就是国君的名讳。"君所无私讳，大夫之所有公讳"是指在君主处，臣下不避自家讳，只避君主名讳；在除了君主之处以外的地方，可以不避自家讳，但必须避君主名讳。公讳之设，强调的正是君主的绝对权威。

　　《左传·宣公十五年》："楚师将去宋，申犀稽首于王之马前曰：'无畏知死而不敢废王命。'"意思是楚国军队要撤离宋国，

申犀在楚庄王的马前叩头说："无畏明知会死，但不敢背弃君王的命令。"申舟，楚国大夫，名无畏，字子舟，是申犀的父亲。但在楚庄王面前，申犀不避父名"无畏"，即"君所无私讳"。

鄢陵之战中，晋厉公亲统四军，中军将栾书，栾书之子栾针为公右。晋厉公陷于泥沼之中，栾书将载晋侯，但他的儿子栾针阻拦说："书退！国有大任，焉得专之？且侵官，冒也；失官，慢也；离局，奸也。有三罪焉，不可犯也。"（《左传·成公十六年》）这里栾针不避家讳，直呼父名"书"字，是由于在国君前论事。

楚归晋知罃，知罃对楚王说："若从君之惠而免之，以赐君之外臣首。"（《左传·成公三年》）"首"是知罃父亲的名字，但知罃在楚王面前也没有回避。清人俞正燮解释了原因："君前臣名，父前子名，当通其义。子在君前亦当名其父，然是切要指陈，不得不名，非侃侃而谈，故抑父以尊君。"

四、避讳更严氏，先生旧姓庄

——汉字和避讳的方法

东汉有一个叫严子陵的隐士，名严光，字子陵，浙江会稽余姚人。严少年时就很有才气，与刘秀（后来的汉光武帝）是同学好友。刘后来登基做了皇帝，回忆起少年时期的往事，想起严子陵，便多次征召其为谏议大臣，但都被严子陵婉拒。

建武十七年（公元 41 年），光武帝又派使者到余姚请严子陵进京做官。他听到消息，赶紧躲起来，使者只得悻悻而返。为了避免朝廷再找麻烦，他索性带着家人迁居桐庐富春江边种田、钓鱼。他钓鱼的地方，后人称之为"子陵滩"。

严子陵

"严子陵钓台"至今遗迹犹在。严子陵回到余姚直至终老，享年八十，死后葬于余姚陈山。严子陵本姓庄，为避显宗名讳，改姓严。后代诗人感佩其为人不慕权贵，追求自适，作了很多诗文，如潘素心夫人幼时过严州作一绝云：

> 谁改州名姓字香，钓台千载属严光。
> 岂知隐士终埋姓，当日先生本姓庄。

《宋诗纪事》俞成《题钓台》诗：

> 千古英风想子陵，钓台缘此几人登。
> 谁知避讳更严氏，滩与州名总误称。

还有一首：

> 不钓王侯钓鲤鲂，东京风格挽颓唐。
> 钓台高并凌云峙，记得先生旧姓庄。

严子陵以"严"代"庄"，是用同义字代替避讳字的方法。汉字的替换可以成就避讳，形成不同的避讳方法，但避讳也对汉字的使用造成影响。

（一）汉字的特点

"汉字"这个名称，得名于汉族和汉朝，是当今世界上使用人口最多的文字，是目前世界上最早的文字，已有 6 000 多年的历史，同时也是流传范围最广的文字之一。

著名历史字谜"黄绢幼妇外孙齑臼"

水里游鱼山上羊，东拉西扯配成双，
一个不吃山上草，一个不会水中藏。

这是清代一诗人利用汉字的构造写的字谜诗，谜底是"鲜"。

木字口中栽，非杏也非呆；
若把困字猜，猜了也白猜。

这个字谜的谜底是"束"。

以上两个谜语显示了汉字的一些结构特点。但汉字的根本特点，还在于每一个字都是形、音、义三者的统一体。

每一个汉字都有其固定的书写形式，这就是"形"。汉字是富于形象、独具魅力的文字，汉字在形体上是由图形逐渐变为由笔画构成的方块形符号，所以汉字一般也叫"方块字"。这种形体具有审美意义，即所谓建筑美，如书法、篆刻等艺术形式。而且这种形体具有离析性，它由若干笔画和部首构成，而整个汉字的意义和它的形体构造都要发生关系。

每一个汉字都有其特定的读音，这就是"音"。汉字是世界上少有的具有声调的文字之一，其读音可以有阴、阳、上、去、轻声等多种变化，具有音乐美。

每一个汉字都表示一个同它的字形结构紧密相连的特定的含义，这就是"义"。汉字是由象形文字（表形文字）演变成兼表音义的意音文字，但总的体系仍属表意文字。

文字是文化的产物，汉字是一种与拼音文字完全不同类型的文字系统，是中国文化的特殊载体及重要传播媒介。一个方块字是一个魔方，凝结、显现着华夏文化的种种奥秘。如"婚"字就保留了古代的婚姻习俗。"婚"原作"昏"，后来才加了女字旁。婚字从女、昏声，因为上古成婚之礼在黄昏之时，孔颖达《礼记疏》："男女之身，婚则昏时迎之，妇则因而随之。"《艺文类聚》："婚，昏时成礼也。"为何成婚选在黄昏？因为上古文明不发达，娶老婆靠抢，太阳下山，正是抢婚的好时候。《周易》"屯如邅如，乘马班如。匪寇婚媾"描述的正是当时的抢婚场面。后来抢婚演变成一种民俗，即使你情我愿，也要"佯抢"，"妇则因而随之"。"妥"字上有一"爪"，下有一"女"，抓住一个女的当老婆，自然就妥当、放心了。能够说明这种抢婚习俗的，还有一个"娶"字。"娶"从"取"得声，《说文》："取，捕取也。从又从耳。"《周礼》："获者取左耳。"娶妇也像战争一样，通过劫夺的方式来达到。可见，汉字是凝聚历史文化的，正如饶宗颐所论："造成中华文化核心的是汉字，而且成为中国精神文明的旗帜。"

汉字的形、音、义都蕴含了大量的文字信息和文化信息。而避讳作为一种在中国历史上存在了几千年之久的社会文化现象，始终和汉字密切相关。一方面，汉字所包含的大量信息被用来发展为避讳；另一方面，避讳的发展又反过来对汉字的使用造成很大的影响。

（二）因汉字而讳

避讳是一种社会现象，是民族心理、文化传统、封建王权和宗法制度在语言文字上的体现。因此，汉字的形、音、义等三要素所蕴含的大量信息往往就被加以利用，从而发展成避讳。

1. 因汉字的构件而讳

有些汉字可以拆分为若干部件，其中有些部件含有封建统治者忌讳的内容，从而被发展为避讳。如唐时为避唐太宗名李世民的名讳，含有部件"世"、"民"的汉字多用形似的部件代替。南宋张世南《游宦纪闻》卷九记载："'世'字因唐太宗名讳世民，故今'牒'、'葉'、'棄'皆去'世'而从'云'。'漏泄'、'缧绁'又去'世'而从'曳'。'世'与'云'，形相近，与'曳'，声相近。若皆从'云'，则'泄'为'沄'矣，故又从'云'，而变为'曳'也。"又云："'民'则易而从'氏'，'昬'、'愍'、'泯'之类，至今犹或从'氏'也。"又《刊正九经三传沿革例》云："唐太宗讳世民，若单言民，则阙斜钩而作'民'；若从偏旁，则阙上画而作'氏'。如《书·盘庚》之'不昏作劳'，《吕刑》之'泯泯棼棼'，《左传·昭公二十九年》'若泯弃之'之类。"阮元《十三经注疏·校勘记》："《氓》六章，唐石经'氓并改作甿'。"

又如唐睿宗名旦，于是就避以旦为偏旁的"暨"字。《石林燕语》卷八："（宋）神宗元丰五年，黄冕仲榜唱名，又暨陶者……'暨'自阙下一画，苏（子容）复言：'子下当从旦，此唐避睿宗讳，流俗遂误弗改耳。'"

2. 因汉字字形相同或相似而讳

在古代，如果只避和君主或尊长之名同形之字，叫避正讳。"罪"字本作"辠"，因"辠"字和"皇"字字形相似，秦始皇时为避始皇的名讳，就将"辠"改为本义为渔网义的"罪"字。

《说文·辛部》："辠，犯法也。从辛从自，言辠人蹙鼻苦辛之忧。秦以'辠'似'皇'字，改为'罪'。"南宋张世南《游宦纪闻》卷九也有记载："秦始皇嫌'辠'字似'皇'，改为'罪'，自出己意，谓非之多则有辠也。今经书皆以'罪'易'辠'，独《礼记》、《尔雅》犹有可考。"

3. 因汉字字音相同或相近而讳

汉字有很多字字音相同或相近，在古代，如果连忌讳字的同音字或音近字也要回避，叫避嫌名。如隋文帝的父亲名忠，《通典·职官三》注云："隋氏讳忠，故凡'中'字，皆曰'内'。"又《齐东野语》卷四："隋文帝父讳忠，凡郎中皆去'中'字。……（改）侍中为侍内，中书为内史，殿中侍御为殿内侍御。"后晋高祖名敬瑭，时人就回避"敬"之嫌名"镜"和"竟"，如《册府元龟》卷三载："天福七年，刺改合州石镜为仙览，复州竟陵为景陵。"宋高宗名构，于是和"构"字同音的"够"、"购"等55字在当时均在禁忌之列。

4. 因汉字字义而讳

有些汉字的字义因具有封建统治者忌讳的内容，统治者或强解汉字字义，或曲解多义字，从而形成避讳。《论语·阳货》有"恶紫之夺朱也"，清代沈德潜化用该典作《咏黑牡丹》诗："夺朱非正色，异种也称王。"乾隆把"朱"字曲解为"朱氏王朝"，

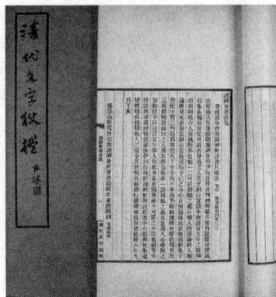

《清代文字狱档》书影

"异种"被指为影射"满清",尽管该诗发现时沈德潜早已去世,但乾隆还是"革其职,夺其名,扑其碑,毁其祠,碎其尸"以解愤。乾隆四十三年（公元 1778 年）,江苏丹徒县生员殷宝山因其书《记梦》中有"若姓氏,物之红者"句,红者,朱也,"朱"字也被理解为"朱氏王朝",以"显系怀念故国,实属叛逆"而受大刑。

清代吕留良有诗"清风虽细难吹我,明月何尝不照人",因"清"、"明"二字多义,吕氏就被猜疑有不满本朝,倾向亡明之心。

（三）利用汉字进行避讳的方法

汉字独特的构造和形、音、义蕴含的丰富信息为避讳提供了条件。自古至今,利用汉字进行避讳的方法很多,主要有省缺笔画、拆字、析言、以其他汉字代替、改变汉字的读音、空字、将避讳字和他字连写、用避讳字的变体书写、更换字序、托他人代写讳字、将避讳字写成草书、用黄纸或红纸将讳字覆盖 12 种。

1. 省缺笔画

即遇到须避讳的字,书写时省写笔画。

这种方法始于唐代，宋代以后颇为盛行。陈垣《史讳举例》卷一："避讳缺笔，当起于唐高宗之世。"敦煌出土的写本《春秋左氏抄》："唐讳不避，为六朝写本，内有一节笔迹不同，且民字缺笔，则唐人所补也。"就是唐人补上的避讳，用省缺笔画的方法，使"民"字缺上一笔。这种方法后来成了主要的避讳方法，因为这种方法简便易行，尽管缺胳膊少腿，但由缺笔后的残字更容易联想到本字。

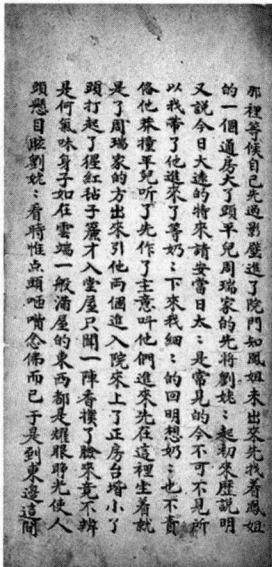

通过图中左起第一列第四字可见此版本对"玄"字的避讳

唐代将李世民的"世"字缺笔写作"川"字。唐仪凤二年（公元 677 年），高宗（李治）撰并书《李勣碑》，于"王世充"之"世"字，缺笔作"世"，此为避太宗李世民之名讳。唐高宗乾封元年（公元 666 年）赠泰师孔宣公碑，两处引用"生民以来"，但都作"生人"。"愚智齐泯"中"泯"缺笔作"泯"。

宋太祖名匡胤，宋高宗御书石经时便省"匡"字下两横作"匡"。清代周广业《经史避名汇考》卷一："《诗·小雅·六月》'以匡王国'，《左传·僖公二十六年》'弥缝其阙而匡就其灾'，《论语·子罕》'子畏于匡'等，'匡'字如此。"或省字上一横作"匡"。《经史避名汇考》卷一："荀洵《上宣公奏议札子》，'匡'字缺首笔作'匡'"。再如：宋太祖名赵炅，"炅"缺笔作"炅"；宋真宗名赵恒，"恒"缺笔作"恒"；宋神宗名赵顼，"顼"缺笔作"顼"；宋钦宗名赵桓，"桓"缺笔作"桓"；宋理宗名赵昀，"昀"缺笔作"昀"。

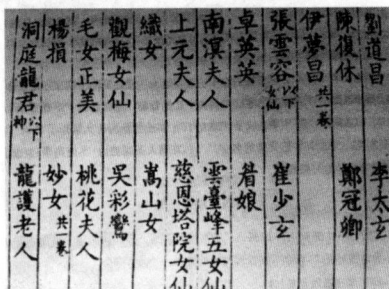

"玄"字缺笔图

清康熙帝名玄烨，清刻印《十三经注疏》，其中《尚书》有一句"筐阕玄黄，昭我周王"，"玄"字即省缺了最后一笔。不仅如此，凡是以"玄"为偏旁的"弦"、"铉"、"眩"、"炫"、"泫"、"玹"等字，都缺"玄"字末笔。上图是清刻《全唐诗》目录，其中"李太玄"、"崔少玄"中的"玄"字，也都省缺了最后一笔。

《红楼梦》第二回也记载，黛玉母亲名贾敏，因此，黛玉"写字遇着'敏'字，又减一二笔"。虽是文学作品，也能反映其时的风气。

2. 拆字

汉字是方块字，具有离合析解的特性。避讳中的拆字，就是为避某字，将该字拆成若干部件加以称说，或只取其中的一个部件加以使用。

如宋神宗名赵顼，为避"顼"之嫌名"旭"，宋代沈括在《梦溪笔谈》中将"旭"字写成"从日从九"。北魏孝明帝名诩，时人尉诩便改名作"羽"；后晋高祖名敬瑭，当时的敬氏便改姓"文"或姓"苟"。北宋末代皇帝宋钦宗初名赵亶，又名赵烜，司农寺丞岳柯《宋会要辑稿》中说："窃惟钦宗皇帝旧讳二字，其一从口从旦，其一从火从亘。"这里也是将"亶"、"烜"二字做拆字处理。宋代的郑思肖祖名"沂"，为避家讳，他写家传时将"沂"字拆开，说成"左水右斤"。

明代有个湖广巡抚叫宋一鹤，一次，他要去参见总督杨嗣昌。因为杨嗣昌的父亲名鹤，为了避杨氏家讳，宋一鹤便在其名帖上将名字改成了"宋一鸟"。

中国自古以来就有拆字文化传统。拆字又称"测字"、"破字"、"相字"等，是中国古代的一种推测吉凶的方式，主要做法是以汉字加减笔画，拆开偏旁，打乱字体结构加以附会，以推算吉凶。明朝末年，崇祯皇帝眼看大明天下已是日薄西山、朝不保夕，于是忧心如焚，寝食不安。一天，他微服出行，在街上见一测字先生，遂圣心一动，也想拆个字，预测一下国运。崇祯写了一个朋友的"友"字叫他来拆，先生看了一看，皱皱眉头说："客官你可不要见怪。这个'友'字很不好啊，它乃是'反'字的出头。您看，现在李闯王已攻进洛阳，杀了当今皇上的叔叔，这不是意味着造反者已经出了头吗？"崇祯皇帝听后十分不乐。

拆字还被广泛用于作诗、填词、撰联，或用于隐语、制谜、酒令等。南宋胡仔《苕溪渔隐丛话》载有一首拆字诗："日月明朝昏，山风岚自起。石皮破乃坚，古木枯不死。可人何当来，意若重千里。永言咏黄鹤，志士心不已。"这里每一句中都含有拆字，构思奇特新颖。东汉初年，董卓跋扈专权，当时有一童谣："千里草，何青青，十日卜，不得生。"这条隐语，也是利用拆字，暗咒董卓。拆字文化，可谓丰富多彩，情趣盎然，魅力无穷。

3. 析言

对于二字之名，依"二名不偏讳"之礼制，不连称，而是分开以单字说出。如俞樾《茶香室丛钞》卷五所言："今人称其先世之名，每曰'上讳某，下讳某'。"

如"伯虎"是宋代王楙家讳，《野客丛书》就说道："炳之，仆曾大父也，上字讳伯，下字讳虎。"张世南《游宦纪闻》也说"先伯讳，上大下正"，将家讳"大正"析言。宋代郑思肖在《先君菊山翁家传》中也是将家讳析言："高祖上字秀下字颖，曾祖上字昭下字嗣。"

4. 以其他汉字代替

（1）以"讳"、"某"、"某甲"等字替代。

> 《三国志·魏书·后妃传》注："甄后曰：讳等自随
> 夫人，我当何忧！"

这里的"讳"即指明帝曹睿之名。史家不敢直陈，而以
"讳"字代替。这当是以"讳"代替名字之始。

> 《北史·周本纪下》："丙寅，以大将军李讳、中山
> 公训、杞公亮、上庸公陆腾、安义公宇文丘、北平公寇
> 绍、许公宇文善、犍为公高琳、郑公达奚镇、陇东公杨
> 纂、常山公于翼并为柱国。"

这里的"李讳"其实是李昺，他是高祖李渊的父亲。《北史》
的编者李延寿是唐朝人，为避李昺名讳，就用"讳"字代替
"昺"字。

> 《朝野汇编》："建文元年十一月初九日，燕王称名
> 上书，奏为父报仇事：'臣讳稽首顿首'云云。"

其中"讳"字代替的就是"棣"字。明成祖名朱棣，明代典

籍《朝野汇编》不敢直接写"棣"字，而用"讳"字代替。

> 《宋书·文帝纪》："永初元年八月，西中郎将、荆
> 州刺史宜都王讳进号镇西将军。"

这里的"讳"字，指的就是宋文帝刘义隆。

> 《史记·文帝纪》云："有司固请曰……子某最长，
> 敦厚慈仁，请建以为太子。"

汉文帝之子名刘启，司马迁为避讳，就用"某"字代替"启"字。

> 《三国志·魏书·崔琰传》裴注引《魏略》："（许
> 攸）自恃勋劳，时与太祖相戏，每在席，不自限齐，至
> 呼太祖小字曰：'某甲，卿不得我，不得冀州也。'"

魏太祖曹操小字叫阿瞒，上文中的"某甲"当为"阿瞒"，但史家为了避讳，就写作"某甲"。

> 《三国志·魏书·崔琰传》载会稽剡县刻石碑文：
> "黄天星，姓萧字某甲，得贤帅，天下太平。"

　　碑文谶语所言当为南朝齐高帝萧道成之事，"某甲"原文应为"道成"，这是史家为避高帝之名而改。

　　（2）以同义（近义）字或反义之字代替。

　　以同义（近义）字代替就是上一章中所谓的"同训代换"。如西汉孝昭帝名刘弗，时人遇"弗"字，便以同义的"不"字代替，《左传·文公二年》有"夏父弗忌"，而《汉书·古今人表》则作"夏父不忌"。《论语·阳货》有"公山弗扰"，而《汉书·古今人表》则作"公山不狃"。

　　汉安帝名庆，当时的庆氏就改用同义的"贺"字为姓。汉代淮南王刘安，其父名刘长。为避家讳，刘安在其所著《淮南子》中，将所有"长"字都改成同义的"修"字，如《淮南子·原道训》："小大修短，各有所具。"唐高宗名李治，唐人为避其名讳，凡遇"治"字，就改为近义的"理"字，如《易经》中"垂衣裳而天下治"就被改成"垂衣裳而天下理"。

　　《汉书·叙传》里有"严子"、"老严之术"等词，若不知避讳，可能不明就里。汉明帝名刘庄，为避庙讳，作者讳"庄"为"严"，将"庄子"、"老庄之术"说成"严子"、"老严之术"。《尚书·尧典》有"百姓昭明，合和万邦"，《史记·五帝本纪》有"百姓昭明，合和万国"，后者也是为避高祖刘邦的名讳，将"万邦"讳作近义的"万国"。

　　避凶求吉是人的本能，人们忌讳不好的字眼，往往会用反义的好的名称加以陈说。如前文所述，人们忌讳"离散"，把梨子称作"圆果",借以表达对离散的忌讳和对团圆的渴望;"住"和"快"反义,船家打渔,希望行船要快,于是就标箸(谐音"住")为"筷(快)";广州商人忌讳说"干",因为"干"就意味着没钱了,于是就把猪肝(谐音"干")说成反义的"猪润"。

(3)以同音或音近之字代替。

> 《山东通志》卷六"寿张县梁山",注云:"在县东
> 南七十里。邑志云:……考县本名寿良,因光武帝避叔
> 讳改名寿张,则山之改'良'为'梁'。"

为避东汉光武帝刘秀叔父之名"良"字,时人便以同音的"梁"字代"良"。《华阳国志》作"吴懿",而《三国志·蜀书·先主传》作"吴壹",后者是为了避晋高祖司马懿的名讳,而选用了音近的"壹"字。

秦始皇时,须避"皇"字,并认为"皋"和"皇"字字形相像,因此,"皋"字也须避讳。"皋"的本义是"犯法",和本义是"渔网"的"罪"字同音,于是就用"罪"来代替"皋"字。

司马迁父名谈,他作《史记》时遇到"谈"字便用音近的"同"字代替,如称"张孟谈"为"张孟同","赵谈"为"赵同","李谈"为"李同"。

唐太祖名李虎，为避其名讳，便改"虎"为音近的"武"字，如"虎贲"、"虎丘"均写成"武贲"、"武丘"。明光宗名朱常洛，须避偏讳"常"、"洛"二字。因此，明末刊刻书籍时，"常"字就选用同音的"尝"字代替，"洛"字则选用同音的"雒"字代替。清圣祖名玄烨，为避"玄"字，便选用音近的"元"字代替，如将中药材玄参写成"元参"。

（4）以形似之字代替。

如唐高祖李渊父名昞，就避嫌名"秉"。因此，《北史》中的很多"秉"字就用形似的"康"字代替，如《北史·崔鉴传》改"崔秉"为"崔康"，《王思政传》将思政子"王秉"写作"王康"。五代后周君主名郭威，时人郭彦威就将名中的"威"改为形近的"成"字，名为郭彦成。

《北魏书·地形志下》："秦州天水郡上封。"上封原名上邽县，但北魏太祖名"珪"，原"上邽"之"邽"和"珪"音同，犯太祖嫌名，于是就用形近的"封"字代替"邽"，"上邽"遂成"上封"。

女真族在唐时归属于契丹，因避契丹主之讳宗真，讳"真"为形似的"直"，曾改称"女直"。

（5）以字代名。

古人既有名又有字，《颜氏家训·风操》："名以正体，字以表德。"《礼记》注："字所以相尊也。"因为"字以表德"，所以称人以字，表示尊敬，交际时如果直呼其名为不敬。古代尊辈对卑辈称名，卑辈对尊辈只能称字，平辈之间亦称字，自称只能以名。由于字是尊称，所以"以字代名"就成了古人常用的避讳方法。如《晋书》为避唐高祖李渊的名讳，对刘渊就称其字，作"刘元海"，对戴渊也称其字，作"戴若思"。

《礼记·杂记下》："与君之讳同则称字。"意思是如果某人的名犯了君讳，就改称其字。如辅助前秦苻坚成就帝业的王猛，他有两个儿子，一个是王睿，字元德，一个是王懿，字仲德。《册府元龟》卷八百二十四："坚败，仲德与兄睿南奔晋。太元末徙居彭城，兄弟犯晋宣、元二帝讳，并以字称。"即王睿、王懿兄弟二人逃往晋国，徙居彭城，但他们的名犯了晋元帝司马睿、晋宣帝司马懿的名讳，于是人们就改称他们的字，不呼其名。南朝刘宋时期有一个叫王裕之的人，字敬弘，而宋武帝名刘裕，所以王裕之犯了武帝的名讳，时人只好称呼王裕之的字"敬弘"了。

（6）用其他汉字改称。

就是用其他名称来表示必须避讳的名物。如汉代吕后名雉，于是西汉时就将雉改称为"野鸡"。五代杨行密割据江淮地区，时人为避其名讳，把荇溪称为"菱溪"，杏子称为"甜梅"，蜂蜜称为"蜂糖"。清末代皇帝名溥仪，为避"仪"之偏讳，改仪征县为"扬子县"。

5. 改变汉字的读音

就是在说话、朗诵文章时遇到须避讳的汉字，则改变该汉字的读音，或者直接读作他字。如孔子名丘，被尊为圣人，后人诵读典籍时遇到"丘"字就读作"区"，如果是韵文需要押韵，则读作"休"。（据元孔齐《至正直记》）

秦始皇名嬴政，须避嫌名"正"，因此，农历的正月就改读作"正（zhēng）月"。明末秀才陈天清被农民起义军所俘，义军部首领琉璃滑颇喜读诗书，就命令陈天清朗诵陶渊明的《归去来兮辞》全文，读到"晨光熹微"句，琉璃滑突然叫停，说："汝非秀才也，当作'某微'，何乃作'熹微'乎？"这时陈天清才悟到要避大理学家朱熹的名讳，需要更读。

6. 空字

就是遇到须避讳的字，故意省去不写，或者留空白，或作空围"□"。如唐人编《隋书》，为避太宗李世民之偏讳，将隋末割据首领王世充写作"王□充"，后来又翻刻为"王充"；五代吴国太祖杨行密，其父名杨怤，为避"怤"之嫌名"夫"字，《兴唐寺钟题志》故意省去"夫"字，把"御史大夫"写成"御史大"，"金紫光禄大夫"写成"金紫光禄大"，"银青光禄大夫"写成"银青光禄大"。（《齐东野语·卷四》）唐末朱温成就后梁帝业，其父名朱诚，为避嫌名"城"，诸县名内有"城"字的，如韦城、考城、胙城、襄城等，均去"城"字。

世宗宪皇帝讳，上一字从"肩"从"乚"，用"允"字代，旧本书有缺笔作"眉"者，今不用。《诗》之"祚□"，《书》之"□征"，皆不得用，遇文义应用□字者，以"嗣"、"裔"等代之。（黄本骥《三长物斋丛书·避讳录》）

清世宗雍正皇帝名胤禛，康熙诸皇子均以"胤"字排行，雍正当了皇帝，那么他的名字就要避讳，他人姓名中有"胤"字的就要改掉，所以雍正兄弟们名字中的"胤"字一律改成了"允"字。而对于《诗经·大雅》中的"永锡祚胤"、《尚书·夏书》中的"胤征"之"胤"字，一般都作"□"处理。如果确因文义需要，就用"嗣"、"裔"等代替。

7. 将避讳字和他字连写

如李延寿《北史》中为避唐高祖李渊名讳，在卷七十八《张大渊本传》中把张大渊写作"张奫"，即是此类。

8. 用避讳字的变体书写

也就是遇须避讳之字，不写常用书体，而用其异体书写。

如清仁宗名颙琰，清人为避其名讳，将"琰"变体写作"□"。又如清人景日昣父名星，景日昣在他所撰的《说嵩》中说："集中'星'字，先子讳也，变笔为'曻'。"这种避讳方法，其实就是用异体字代替本字。

9. 更换字序

宋代蔡绦《铁围山丛谈》卷二："宰相堂食，必一吏味味呼其名，听索而后供。此礼旧矣。独'菜羹'以其音颇类鲁公姓讳，故回避而曰'羹菜'，至今为故事。"

鲁公就是宋徽宗时太师、鲁国公蔡京，"菜羹"和"蔡京"音近，为避其名讳，倒序作"羹菜"。

10. 托他人代写讳字

即行文时遇到家讳之字，自己不写，留下空白，请他人代为书写。如明代的邵经邦作《一鉴亭记》，但因其父亲名"鉴"，犯了家讳，于是邵经邦遇"鉴"字自己不写，而是请李峒代为填上。

《经史避名汇考》卷三十九："朱文祚，字兆隆，秀水人，万历癸未状元，官少傅，谥文恪。其孙太史朱彝尊刻《明诗综》，属鄞人林时为填讳。"

朱彝尊刻《明诗综》时犯家讳，自己不能写，不得不请林时代为填上讳字。

11. 将避讳字写成草书

《朱子语类》卷一三八所载，"见人名讳同，不可遽改，只半真半草写之"，即是这种情况。

12. 用黄纸或红纸将讳覆盖

如果犯天子庙讳，还有一种避讳的方法，就是将须避讳的汉字用黄纸遮盖住。如《金史·乐志上》记载："初，太宗取汴，得宋之仪章磬乐簴，挈之以归。皇统元年，熙宗加尊号，始就用宋乐，有可以钟磬刻'晟'字者犯太宗讳，皆以黄纸封之。"这里"晟"字者犯太宗讳，就用黄纸覆盖。

黄色是我国古代的所谓正色之一。在五个正色中，青、白、赤、黑四色分别代表东西南北四方，黄则被视为"中央之色"。班固的《汉书·律历志上》："黄色，中之色，君之服也。"他在《白虎通义》中对黄色的解释又加入神学和儒学的观点，认为"黄者，中和之色，自然之性，万世不易"，即黄色是万世不易的大地自然之色。这种色代表了天德之美，也就是"中和"之美，所以成为尊色，成为高贵的正色。宋代王楙《野客丛书》卷八"禁用黄"云："自唐高祖武德初，用隋制，天子常服黄袍，遂禁士庶不得服，而服黄有禁自此始。"从此，黄袍加身意味着取得政权。黄色几乎成为"帝王之色"，除黄袍外，皇帝的车子称"黄屋"，宫禁之门称"黄门"，皇帝的文告称"黄榜"等。

因此，如果不是避皇帝名讳，还不能覆盖黄纸；如果确需覆纸遮盖，可以覆以绛罗。元代袁桷《书陆淳〈春秋纂例〉后》："刘氏《传》，乃先越公居宥府时，岳肃之侍郎所遗。家讳咸以绛罗覆。"可见，袁氏家讳欲覆纸遮盖，还不能覆以黄纸，因为黄色是天子之色，只可覆以绛色。

（四）避讳对汉字使用的影响

古代避讳对汉字的影响主要有 7 个方面：造成残缺字、出现新的多音字、产生异体字、造成大量的别字、使典籍出现脱字、出现新义项、出现新造字。

1. 造成残缺字

利用省缺笔画来避讳造成了很多残缺字，如为避宋高宗先祖的名讳，在宋高宗御书石经中的"敬"字皆缺左下角之口写作"敬"。古籍中因省缺笔画造成的残缺字非常多，原因就是用缺笔来避讳简便易行，而且由残缺字也较容易联想到本字，字义被误解的可能性相对小一些。

2. 出现新的多音字

古代读书人在读到孔子的名"丘"字时读"mǒu"，但"丘"字用于地名或其他地方时仍读本音。汉代诸侯国鲁有个地名叫蕃县，但因鲁相陈逸的父亲名蕃，国人为避讳，将县名读为"皮"，于是"蕃"就有了"皮"的新读音。

3. 产生异体字

张世南《游宦纪闻》卷九:"汉以火德王,都于洛阳,恶水能灭火,遂改'洛'为'雒',故今惟经书作'洛',而传记皆作'雒'矣。""雒"本为鸟名,但汉代讳"洛"为"雒",比如把"洛水"又写作"雒水",此时"洛"和"雒"就成了异体字。唐代为避李世民的名讳,将汉字部件中的"民"改为"氏",如"緡"改为"緍","昬"改为"昏",这样,"緡"和"緍"、"昬"和"昏"就成了异体字。其中有些异体字后来还取代了正字,如"昏"字。

4. 造成大量的别字

明光宗名常洛,明人为避其名讳,当时所刊印的书籍中出现了"尝伯"、"奉尝"、"天尝"、"伦尝"、"纲尝"、"寻尝"、"太尝寺"、"尝熟县"等词,其中的"尝"字都是"常"的别字。由于古人避讳经常用其他汉字代替,所以古籍中存在着大量的由于避讳造成的别字,其中有些还取代正字流传至今,如前文所举的例子:明朝人憎恶"元"字,便讳"元"为"原",将"元来"改为"原来","原来"一词至今沿用。

5. 使典籍出现脱字

佛教的观世音菩萨，就因避唐太宗李世民名讳，而省去"世"字，称为观音菩萨。唐初大臣裴世矩，新、旧《唐书》并作"裴矩"，唐初名将李世勣，新、旧《唐书》并作李勣。唐官修《隋书》为避唐太祖李虎讳，韩擒虎只写作"韩擒"。

6. 出现新义项

比如"讳"字本来只有"避忌"一义，《说文》："讳，忌也。"但由于古人避讳最多的还是君主、尊长的名字，而且"名讳"一词经常使用，所以，久而久之，就使"讳"产生了"名字，名称"这一义项。如《三国志·魏·武帝纪》："太祖武皇帝，沛国谯人也，姓曹，讳操，字孟德，汉相国参之后。"这里的"讳"就等于"名"，"讳操"即"名操"。又如《晋书·宣帝纪》："宣皇帝讳懿，字仲达……"其中的"讳懿"即"名懿"。

7. 出现新造字

清代为避孔子的名讳，将"丘"字加"阝"成"邱"字，并用"邱"字替代姓氏中的"丘"字。"邱"就是新造字。《桥石杂记》所载，"雍正三年，奉上谕，孔子圣讳，理应回避，今九卿会议，九卿议以凡系姓氏，俱加'阝'为'邱'字"，即是这种情况。由于避讳而产生的新造字数量很少。

避讳作为一种社会文化现象，充斥于用汉字记载的各种典籍之中，因此，所有文史学习者和研究者在接触古籍时都要重视避讳问题。一方面，避讳造成了汉字使用的混乱，给人们阅读古籍带来了困难；但另一方面，如果我们掌握了它们的关系规律，就可以利用这些规律来提高古籍阅读的效率，考定古籍的成书年代或甄别其真伪。可见，了解汉字和古代避讳的关系对于整理古籍和文史研究具有积极的意义。

五、清风不识字，何事乱翻书

——汉字和文字狱

　　清雍正八年（公元 1730 年），翰林院庶吉士徐骏在奏章里，把"陛下"的"陛"字错写成"狴"字，雍正见了，马上把徐骏革职。后来再派人一查，在徐骏的诗集里找出了"清风不识字，何事乱翻书"、"明月有情还顾我，清风无意不留人"等诗句，于是雍正认为这是徐骏不满本朝，倾心亡明，存心诽谤，依照"大不敬律"将徐骏斩首。

　　这就是典型的文字狱案。所谓文字狱，顾名思义，就是因犯了文字避讳而获罪的案件。统治者为巩固封建专权，故意从作者的诗文中摘取文字或只言片语，罗

文字狱

织罪名；有的文人甚至会因文字引来杀身之祸，所有家人和亲戚都受到牵连，遭满门抄斩乃至株连九族。

　　古代文字狱由来已久，历史上因文字招祸的案件层出不穷。据《左传》记载，鲁襄公二十五年，齐国大夫崔杼弑君，史官用文字直陈其事："崔杼弑其君。"被崔杼杀了。史官之弟又秉笔直书，又为崔杼所杀。此案被认为是中国历史上最早的文字狱。其后秦始皇的焚书坑儒；汉代扬恽因《报孙会宗书》中有对皇帝不敬的文字为宣帝所恶，致以大逆不道而遭腰斩；北宋有乌台诗案，苏轼因其诗中有不满王安石新政的文字而身陷囹圄，后被贬谪他乡。

　　明清时期，统治者变本加厉，大兴避讳之风，文字狱也因之达到登峰造极的地步。仅以康熙、雍正、乾隆三朝为例，康熙期间（公元 1662—1722 年）共发生 20 多起文字狱，著名的文字狱案有"庄廷鑨《明史》案"（公元 1661—1669 年）、"戴名世《南山集》案"（公元 1711 年）；雍正期间（公元 1723—1735 年）有案可查的近 20 起，著名的文字狱案有"查嗣庭科举案"（公元 1726 年）、"曾静吕留良案"（公元 1728 年）；乾隆期间（公元 1736—1795 年）共发生文字狱案 130 多起，著名的文字狱案有智天豹《万年历》事件、安能敬写颂扬清朝的诗被曲解案等。史学家陈垣先生在《史讳举例》中就说："雍乾之世，避讳至严，当时文字狱中，至以诗文笔记之对于庙讳御名，有无敬避，为顺逆凭证。"明清时文字狱罗网之密、搜寻之细、量刑之酷，可谓空前绝后，致使文人如履薄冰，人人畏之如虎，如惊弓之鸟，避之唯恐不及，清末龚自珍就有"避席畏闻文字狱，著书都为稻粱谋"的诗句。

可以这样说，自有封建专权以来，就一直有文字狱。文字狱作为中国历史上的一个特殊现象，是一种极端的权力话语，也是汉字避讳发展的极端形式。

汉字形、音、义三位一体，其丰富的文字信息和文化信息每每被擅权的统治者加以利用，他们或利用谐音，或敷衍字形，或强拆汉字，或曲说字义，或专用汉字，无中生有，捕风捉影，望文生义，极尽穿凿附会之能事，大兴文字之狱，把避讳发展到了极致。

（一）利用汉字谐音而兴文字狱

汉字音节只有 1 300 多个，但其字数庞大，仅常用汉字就有数千个，所以汉字存在大量的同音字现象，即所谓的谐音。义随音转，汉字谐音在民俗、语言修辞、文学等诸多方面都有应用，而善于移花接木的肇事者也不会在文字狱中忽视它。

1. 指"生"为"僧"，认"则"作"贼"

明太祖朱元璋出身寒微，当过和尚，十分忌讳"光"、"秃"、"僧"等字；他投过红巾军，参加过元末农民起义，靠杀人放火起家，所以又讨厌"贼"、"寇"等字眼。

有一次，杭州府学教授徐一夔在书上用"光天之下"、"天生

朱元璋像

圣人"、"为世作则"等语赞美朱元璋。朱元璋不领美意,反而牵强附会,竟认为"光"是指光头,"生"就是"僧",是在骂他当过和尚;"则"在朱元璋老家的江淮方言中和"贼"字音近,意在讥讽他有落草为寇的经历,骂他是贼,就下令把徐一夔杀了。

朱元璋因"贼"讳"则",仅仅因为一个"则"字,杀了许多人。浙江府学教授林元亮,因所作《万寿增俸表》中有"作则垂宪"四字被杀。"作则垂宪"竟被朱元璋理解为:"作则"就是"作贼","作则垂宪"就是骂作贼的人当了皇帝。北平府学训导赵伯宁因作《万寿表》中有"垂子孙而作则"被杀;福州府学训导林伯璟因作《贺冬节表》中有"仪则天下"而被杀;桂林府学训导蒋质因作《贺正旦表》中有"建中作则"而被杀。

北平府学训导程镇因作《正旦贺表》中有"睿性生知"而被杀,朱元璋认为,"生知"就是"僧知",还是讥讽自己当过和尚。与朱氏当过和尚有关的文字狱还如祥符县训导贾翥,为本县作《贺正旦表》,内用"取法象魏"(象魏:古代天子、诸侯宫门外的一对高建筑,亦叫"阙"或"观",为悬示教令的地方),结果被杀。因为"取法"音近"去发",只有和尚才去发。蔚氏县教谕许元为本府作《万寿贺表》,因表内有"体乾法坤,藻饰太平"八字而被杀。因为"法坤"谐音"发髡"，有讥讽和尚之嫌；"藻饰太平"谐音"早失太平"，是恶毒的诅咒。

德安府学训导吴宪因作《贺立太孙表》中有"永绍亿年，天下有道"八字而被杀，朱元璋说："天下有道就是天下有盗，该杀。"

2. "帝扉"就是"帝非"，"式君"就是"弑君"

怀庆府学训导吕睿作《谢赐马表》，用了"遥瞻帝扉"四字，"帝扉"被理解为谐音的"帝非"，即皇帝有错，结果被朱元璋杀害。

亳州训导林云作《谢东宫赐宴笺》，文中有"式君父以班爵禄"七字，结果也被朱元璋杀害。朱元璋的理由是："式君父就是弑君弑父，该杀。"

3. "乾龙"就是"乾隆"，"壶儿"就是"胡儿"

乾隆年间，内阁学士胡中藻引用《周易》中的爻象之说，以"乾三爻不象龙"为试题，题中有"乾龙"二字，"龙"与"隆"同音，竟判定是影射乾隆皇帝，因此被处以极刑。

1778年，江苏东台诗人、原翰林院庶吉士徐骏早已去世，遗著《一柱楼诗》中有"举杯忽见明天子，且把壶儿抛半边"句，"胡"在清代是避讳字，乾隆认为"壶儿"就是"胡儿"，有意诋毁清朝，结果徐某被开棺戮尸，儿孙和地方官员也被全部斩首。广西巡抚满族人鄂昌跟胡中藻作诗唱和，在《塞上吟》一诗中称蒙古人为"胡儿"，乾隆认为鄂昌自己就是胡儿，诋毁同类，遂令其自杀。

4. "鸣"谐音"明"

乾隆时杭州有一个叫卓长龄的人，著《忆鸣诗集》。因"鸣"与"明"谐音，"忆鸣"即"忆明"，就是忆念明朝，图谋不轨，乾隆帝因此对卓氏一家深恶痛绝，称其"丧尽天良，灭绝天理，真为复载所不容"。判决道："仁和县监生卓长龄著有《高樟阁诗集》，伊子卓敏、卓慎等人亦著有《学箕集》等诗稿，伊族人卓轶群写有《西湖杂录》等书均有狂妄悖逆之语，该五犯俱先后病故，侥逃显戮，应仍照大逆凌迟律剉碎其尸，枭首示众。卓天柱系卓长龄之孙，卓天馥系卓慎之子，均依大逆缘坐律，拟斩立决。卓连之收藏逆书不行首缴，依大逆知情隐藏律，拟斩立决。陈氏、高氏，王氏并卓天馥二岁幼子均解部给发功臣之家为奴。"

（二）利用汉字构造而兴文字狱

汉字是方块字，书写有规律，形差度（形体差异度）高，绝大部分汉字都可以由构字能力强的 812 个基本单字、56 个部首和 75 个变体部件"组装"而成。汉字的形体，其可组合性与可离析性都可以成为附会文字狱的条件。

1. "殊"就是"朱歹"

明时有位叫来复的僧人，为答谢朱元璋宴请，呈了一首《感恩诗》给朱氏，诗中有云："金盘苏合来殊域，玉碗醍醐出上方；稠叠滥承天上赐，自惭无德颂陶唐。"朱元璋看后龙颜大怒，便说："汝用'殊'字，是谓我朱歹也；又言'无德颂陶唐'，是谓我无德，虽欲以陶唐颂之而不能也。"随后他就将僧人杀害。

2. "维止"是"雍正"去头

雍正四年（公元1726年），浙江人查嗣廷主持江西科举考试，出了"维民所止"的题目。"维民所止"句本是《大学》中的话，原出于《诗·商颂·玄鸟》："邦千里，维民所止"（"维"即惟，"止"即居住），意思是王者之都，舆图宽广，皆是臣民居住的地方。然而有人却告发说，"维止"二字是去"雍正"之首的意思。雍正一听暴怒，就将查嗣廷革职问罪，并从其寓所搜出日记，其中有谈论时事的，即作为反叛证据。后来查嗣廷病死狱中，戮尸枭首，子坐死，其余家属流放。又因查氏是浙江人，雍正迁怒于该省，下令停止浙江乡试、会试六年，以示惩戒。

3. "日"、"月"合字为"明"

乾隆四十八年（公元1783年），李一作《糊涂词》，其中有"天糊涂，地糊涂，帝王帅相，无非糊涂"之语。后被一个叫乔廷英的人告发，但在调查中发现，举报人乔廷英的诗稿有"千秋臣子心，一朝日月天"句，"日"、"月"合字为"明"，"明"即明朝，乔廷英被指蓄意谋反复明，检举人和被检举人都被凌迟处死，两家子孙均坐罪斩首，妻媳沦为别人家奴。

4."赍"误写为"赍"

雍正时工部侍郎李凤翥，奏上《贺瑞芝表》，因为字形相似，在贺表的贴黄（贴在奏折上的小纸条，写上奏折内容的提要）上误将"大赍"的"赍"字写成"赍"字，于是雍正降旨说："莫非有意讥朕应赍而赍乎?"并责令李凤翥"明白回奏"。

（三）利用汉字多义而兴文字狱

汉字常常一字多义，再加上汉字的谐音，音义之间可以互相转换，从而有强大的隐喻功能。因此，含沙射影之类的文字功能也经常被文人所用。但更多的情况是，擅权者或强解语义，或曲解字义，从而大兴文字之狱。

1. 强解"新进"、"生事"

北宋时，苏轼调任湖州太守，作《湖州谢上表》，文中最后一句是："陛下知其愚不适时，难以追陪新进；察进老不生事，或能牧养小民。"而时任监察御史的何大正摘引"新进"、"生事"等语上奏，说苏轼"愚弄朝廷，妄自尊大"，"生事"就是攻击王安石变法，"新进"就是对王安石引荐的新人的贬称。何还找到苏轼的其他诗句，说"东海若知明主意，应教斥卤变桑田"是在讽刺朝廷搞水利工程，"岂是闻韶解忘味，迩来三月食无盐"是在讽刺朝廷搞盐专卖，其罪名当杀。好在北宋有不杀文人大臣的惯例，苏轼才得以免死，但被贬为黄州团练副使。

2. "大业"被解释为"帝王之业"

乾隆时一位湖北籍秀才程明禋在河南教书，他给一位在河南经商致富的同乡写寿文，称赞为"绍芳声于湖北，创大业于河南"。后有人就告发他犯讳，因为在清代，"大业"早已指"帝王之业"，"创大业"岂不是要打天下做皇帝了，这还了得！结果这位秀才被凌迟处死，胞弟也被斩死，妻儿给功臣家为奴。

3. "清"被理解为"清朝"，"明"被理解为"明朝"

1755 年，内阁大学士胡中藻所著《坚磨生诗抄》中有"一把心肠论浊清"一句，乾隆认为他故意把"浊"字加在"清"字上，批道："'一把心肠论浊清'，加'浊'字于国号之上，是何肺腑？"乾隆认为他仇视清朝，便宣布要"申我国法，正尔嚣风"，将胡中藻捉拿归案，以酷刑凌迟处死，其家属全部监禁，家产全部抄没。

江苏东台的举人徐述夔去世后，其子为纪念亡父而刊印《一柱楼诗》。乾隆四十三年（公元 1778 年），仇家蔡嘉树检举诗中辱骂清廷，集中有诗句"明朝期振翮，一举去清都"，乾隆帝读后称"用朝夕之朝为朝代之朝，不用上清都、到清都，而用去清都"，认为"显有兴明灭清之意"。于是酿成大案，牵连的人很多，乾隆帝命令："徐述夔身系举人，却丧心病狂，所作《一柱楼诗》内系怀胜国，暗肆底讥，谬妄悖逆，实为罪大恶极！虽其人已死，仍当剖棺戮尸，以申国法。"结果徐述夔及其子虽然已死，也被开棺枭首示众，两个孙子尽管携书自首，仍以收藏逆诗罪斩首。徐述夔诗集校对徐首发和沈成濯，名字连起来为"首发成濯"，于是取《孟子》"牛山之木，若波濯濯，草木凋零也"之义，既然"首发成濯"，被认为是嘲笑清剃发之制，也以大逆罪处死。

乾隆时，还有一生员诗中有"桥畔月来清见底"一句，文中有"玉盏常明"等语句。其中的"清"和"明"，也被理解为"清朝"和"明朝"。"清见底"被认为是指清朝统治者无知，对清廷不满，"玉盏常明"被理解为暗指"明朝"常在，结果这位生员被逮捕抄家。

安徽歙县生员方国泰收藏的其祖方芬《涛浣亭诗集》内有"征衣泪积燕云恨，林泉不共马蹄新"、"乱剩有身随俗隐，问谁壮志足澄清"、"蒹葭欲白露华清，梦里哀鸿听转明"，其中的"清"和"明"也被理解为暗指"清朝"和"明朝"，乾隆认为有反清复明之心，罗织罪名。还有人写有"风雨从所好，南北杳难分"的诗句，"南北"也被认为是影射"明朝"和"清朝"，进而治其罪。

江苏兴化人李骐《虬蜂集》中有"杞人忧转切，翘首待重明"、"日有明兮，自东方兮，照八荒兮，我思孔长兮，夜未央兮"句，被乾隆认为是故意影射，倾心亡明，定为叛逆大罪。

著名学者全祖望著《皇雅篇》，叙清世祖得天下之正，内有"为我讨贼清乾坤"之句，有人就告发说，冠"贼"字于"清"字之上，实属大逆不道。全祖望几近被治罪，后因朝廷官员为之辩解，才得以幸免。

4. 强解"夕惕朝乾"语义

雍正时，备受宠信的川陕总督、太保、抚远大将军年羹尧居功自傲，雍正早就想杀一儆百，只是苦于找不到借口。雍正三年（公元1725年）二月，出现"日月合璧，五星联珠"的天文奇观，臣僚上表称贺，雍正特别注意年羹尧的奏表，终于找到了"毛病"。原来年羹尧将成语"朝乾夕惕"写成了"夕惕朝乾"。"朝乾夕惕"出自《易经》，乾，即自强不息，惕，即小心谨慎，"朝乾夕惕"形容一天到晚勤奋谨慎，没有一点疏忽懈怠。这里"朝乾"和"夕惕"互文，因此，年羹尧在贺表中将语序颠倒，含义并没有改变。但是，雍正认为年羹尧居功藐上，心怀不轨，认为"年羹尧非粗心也，将'朝乾夕惕'写作'夕惕朝乾'，是直不欲以朝乾夕惕归之朕耳……谬误之处，断非无心"。这样，"夕惕朝乾"就是每夜先想好，有所警惕、有所防备，以便白天去见皇上。这当然就是大逆不道。不久之后，年羹尧因他罪并

发，被雍正令自裁，其亲族、同党或斩首，或流放，或贬谪，凡
是与他有牵连的人全都受到处罚。

（四）利用皇帝专用字而兴文字狱

明清时期，有些汉字是帝王的专用字，其他人不能擅自使
用；如果不慎误用了这些汉字，就是僭越犯上，必下狱治罪。

1. 因用"赦"字而陷文字狱

乾隆四十三年（公元 1778 年），江苏韦玉振为父作传，文中
有"并赦屡年积欠"、"于佃户之贫者，赦不加息"云云，结果被
他的叔父告发。乾隆认为，"赦"字只有自己才能用，其他人不
得使用，韦玉振被乾隆指责"乃敢竟用'赦'字，殊属狂妄"，
遂被革掉了秀才，杖一百，勉强保住小命。

2. 因用"皇"字而陷文字狱

"皇考"一词，是指死去的父亲，《礼记·曲礼下》：
"祭……父曰皇考，母曰皇妣。"如屈原《离骚》第一句："帝高
阳之苗裔兮，朕皇考曰伯庸。"欧阳修《泷冈阡表》第一句："呜
呼！惟我皇考崇公，卜吉于泷冈之六十年，其子修始克表于其
阡。"自宋徽宗始专用于皇家，是皇帝对其逝去的父皇的尊称，
如《清史稿·世祖纪二》："皇考宾天，朕止六岁。"

乾隆时山西王尔扬为别人父亲作墓志铭，用"皇考"两字，

却被斥为"于'考'字上擅用'皇'字，实属僭逆"，遂治其罪。

3. 因用"古稀"二字而陷文字狱

乾隆时道学先生尹嘉铨官至大理寺卿，本来已经退休，告老还乡安度晚年，但还要给乾隆上奏请事。乾隆本来就很不耐烦，尹嘉铨又在奏折中自称"古稀老人"、"为王者师"云云，乾隆于是就借题发挥，怒道："我称'古稀'老人，早已布告天下，他怎么也敢自称'古稀'老人？该杀！"尹嘉铨终落得身首异处。

（五）因为忌讳字或名讳字而兴文字狱

1. 忌讳"不具"、"缺"、"少"、"偏"等字眼

十六国时的前秦国主苻生，是个"独眼龙"，因此避讳"不足"、"不具"、"少"、"无"、"缺"、"伤"、"残"、"毁"、"偏"、"只"等字眼。手下人无意犯了讳，就要受到剁腿、破肚、拉肋、锯颈等种种酷刑。有一次他叫太医令程延配药时，问及所需人参的好恶与多少，程延回答："虽小小不具，自可堪用。"这"不具"可是犯了大讳，苻生勃然大怒，先将程延的双眼挖出，再将他杀死。

2. 忌讳"胡"、"虏"、"蛮"、"夷"等字眼

清人非常忌讳"胡"、"虏"、"蛮"、"夷"等字眼，翰林院编修戴名世编了一本记录明末历史的《南山集》，其中有歌咏洪承畴的一首诗，诗题就叫"承畴降虏"，其中就有"忠勤为虏负初衷"一句，又有《维扬大节》，是歌咏史可法的，中有"慑服胡王羞汉臣"一句，还有《天下己任》，是歌咏顾炎武的，中有"四方奔走抗强胡"。诗中的"胡"、"虏"等字眼被认为是对清廷的大不敬。此外，《南山集》中还涉及清廷忌讳的南明史事。

康熙五十年（公元 1711 年），书印出 10 年后被人告发，康熙震怒，下旨将戴名世凌迟处死，戴氏家族凡男子 16 岁以上者立斩，女子及 15 岁以下男子，发给清朝功臣家作奴仆。同乡方孝标曾提供参考资料《黔贵记事》，也和戴名世同样被治罪；戴氏同族人有职衔者，一律革去；给《南山集》作序的汪灏、方苞、王源等处斩刑；给《南山集》捐款刊印出版的方正玉、尤云鹗等人及其妻、子，发宁古塔充军。由《南山集》受到牵连的达 300 多人。

也是在康熙时，浙江湖州有个盲人庄廷鑨，受"左丘失明，厥有国语"激励，也想编一部传世史作；但他不谙史事，便出钱买了史稿，并延揽一些有志于纂修明史的才子，补写崇祯朝和南明史事，成《皇明史概》。书中直写努尔哈赤的名字，写明将李成梁杀死努尔哈赤的父祖，斥骂降清的尚可喜、耿仲明为"尚贼"、"耿贼"，写清军入关用了"夷寇"等。这些字眼都是清廷

极为忌讳的。

后经人告发，康熙二年（公元 1663 年）五月，为《皇明史概》写序的、校对的，甚至卖书的、买书的、刻字印刷的以及当地官吏共 70 余人或凌迟，或杖毙，或绞死，"主犯"庄廷鑨虽然已死，但也照大逆律剖棺戮尸，另有数百人受牵连而发配充军。

3. 直书御名"玄烨"、"胤禛"、"弘历"而陷文字狱

乾隆时，江西举人王锡侯为了给参加科举考试的士子提供方便，花了 17 年时间，把《康熙字典》加以精减，编了一本《字贯》，并称"字犹零钱，义以贯之，贯非有加于钱，钱实不妨用贯，因名之曰《字贯》"。

《康熙字典》是康熙皇帝"钦定"的，王锡侯胆敢擅自删改，便是一大罪状。更主要的是，《字贯》的凡例写入康熙帝、雍正帝、乾隆帝之名讳"玄烨"、"胤禛"、"弘历"，没有作缺笔或其他避讳方法处理，更被认为是大不敬。在当时，"玄烨"、"胤禛"、"弘历"等字在行文时是不准直书的，如"胤禛"可写成同音字"允正"，"玄烨"、"弘历"可作缺笔处理，等等。王锡侯也不是不懂临文避讳，他是好心，怕年轻的士子不懂，所以在《字贯》的"凡例"中将庙讳、御名照原字直书，提醒人们别犯错误。

乾隆四十二年（公元 1777 年），王锡侯的仇家王泷南向江西巡抚海成举发《字贯》，后乾隆帝以"罪不容诛，即应照大逆律

问拟"，王锡侯与其家人全被监送京城审判，王锡侯本人由凌迟改为斩立决，子孙 7 人都被判斩，其他人"充发黑龙江，与披甲人为奴"。

欲加之罪，何患无辞？文字只是形式和工具，汉字背后是专制，政治斗争和封建专制集权的渐趋森严才是 2 000 余年来文字狱愈演愈烈的温床。

六、语文有禁区，时处须避忌

——语文生活和避讳字

《礼记·曲礼》说："入境而问禁，入国而问俗，入门而问讳。"事实上，避讳也充斥于人们生产生活的方方面面，千百年来，它已经成为中国人的重要生活方式。所谓"一言兴邦，一言丧邦"、"祸从口出，病从口入"、"多说话，多是非；少说话，少祸根"等，也足见国人对语言禁忌的重视。

语言文字是最重要的交流工具，汉字作为汉语的记录符号和民族文化的载体，与人们的语文生活乃至社会生产生活须臾不可分离。但是，所谓避讳，多半是语言文字的忌讳，人们在语文生活中不能书写或称说那些要避忌的字眼，甚至还需要改换文字，从而对人们的语文生活乃至社会生产生活造成很大影响。

（一）因讳字而改变姓名

明代江西提学副使名李空同，恰好江西有一位读书人与他同名同姓，李空同便找来读书人质问，要其改名，读书人答道："名字由父亲所定，不敢更改。"这位提学觉得似乎有道理，不便深究，只好说："我出一上联，如果你能对出下联，便可宽恕。"
上联是："蔺相如，司马相如，名相如，实不相如。"意思是两人
名字虽然相同，但实际上德才并不相同，这是提学有意讥讽读书
人，但这位读书人也非等闲之辈，便回敬下联："魏无忌，长孙
无忌，彼无忌，此亦无忌。"下联和上联对仗工整，巧借"魏无
忌"、"长孙无忌"之名，驳斥了提学对同名同姓的忌讳。

这位读书人犯的是官讳，但如果犯了国讳，就没有那么简单
了。中国人于姓于名都非常重视，一般不会改易姓名，即所谓
"行不更名，坐不改姓"，但在强大的避讳制度面前，因为避讳改
易姓名却是常有的事。

西楚霸王项羽名籍，为避"籍"字，项羽治下的籍姓便改为
席姓，如春秋时晋国籍谈的后代第十三代孙"籍瑰仕"就改为
"席瑰仕"。史书典籍如遇前人姓氏犯讳的，也要改易，如战国时
儒家的代表人物荀子尊号为卿，人称荀卿，但汉宣帝名刘询，汉
人为避宣帝名讳，改"荀卿"为"孙卿"。关于避讳改姓对语文
生活、社会生活的影响，陈垣先生《史讳举例》就说："避讳改
姓，淆乱氏族；避讳改前人姓，则淆乱古书。"

再如，汉元帝名刘奭，为避"奭"字，当时的奭氏便改为盛
氏，如奭苞就改名"盛苞"。汉安帝的父亲清河孝王名刘庆，当
时的庆氏便改以贺字为姓，如庆纯就改为"贺纯"。晋景帝名司
马师，为避"师"字，姓师的就改为姓帅，如尚书师昺就改为
"帅昺"。隋高祖名杨坚，为讳"坚"字，坚姓改为镡姓。唐玄宗

名李隆基，为避其偏讳"基"之嫌名"姬"，当时的姬姓改为周姓。唐高宗之子名李弘，被立为太子，为避"弘"字，弘姓改为洪姓。唐宪宗名李淳，当时的淳于氏改姓于，复姓变为单姓。五代时晋高祖名石敬瑭，为避敬瑭之偏讳"瑭"，姓唐就改为姓陶；又为避偏讳"敬"，敬氏就改为文姓或苟姓。北宋时，山西名官文彦博，其祖先就是由于避石敬瑭名讳而由敬氏改为文姓；后来五代晋朝灭亡后，该家族又恢复了敬氏；但到北宋，文彦博的祖父为避宋太祖赵匡胤的祖父赵敬的名讳，又复改姓文。短短几十年，文氏家族竟改了三次姓氏。宋太祖的父亲名弘殷，为避其名讳"殷"字，姓殷的遂改为姓商或姓汤；又为避太祖之名的偏讳"匡"字，匡姓改为康姓。元代著名学者金履祥，其祖先本姓刘，为避吴越王钱镠的名讳"镠"之嫌名"刘"，遂改为姓金。

　　以上都是因避讳改姓的例子，因避讳而改名字的例子也比比皆是。楚汉时有一名士叫蒯彻，为避汉武帝刘彻的名讳，班固作《汉书》时将蒯彻改为"蒯通"，《汉书·蒯通传》："蒯通，范阳人也，本与武帝同讳。"汉惠帝名刘盈，为避"盈"字，《史记·晋世家》中将栾盈改为"栾逞"。汉景帝名刘启，为避"启"字，《史记·宋世家》将微子启改为"微子开"，《史记·仲尼弟子传》中将孔子的弟子漆雕启改为"漆雕开"。晋文帝名司马昭，三国时吴国的韦昭改名为"韦曜"；王昭君被改为"王明君"，又称"明妃"。唐高祖名李渊，为避其名讳"渊"，唐人把陶渊明改为"陶泉明"，薛道渊改为"薛道深"，赵文渊改为"赵文深"。

李渊的父亲名李昺，为避"昺"字，唐人在编史书时，将梁人萧昺追改为"萧景"。宋仁宗名讳"祯"，为避其名讳，宋人将唐代的魏征写作"魏证"。

（二）因讳字而改变地名

地名是专指地域的语言符号，是历史的产物、地理的反映。因此，地名是一个地区的文化符号，地名承载了该地浓厚的人文底蕴和悠久的历史文化。但在历史上，地名曾因国讳、官讳而几多改易，这种地名改易割裂了历史，影响了历史、文化、民俗的传承。许多发生在该地的历史事实、人物、典故、民俗、民间传说，随着地名的改易而变得不为人所知。陈垣先生在《史讳举例》中也指出："避讳改地名，系一朝掌故；避讳改前代地名，则失史实矣，因当时并无此地名也。"

孔子名丘，因孔子是圣人，也要避其名讳，即所谓圣讳。清雍正三年（公元 1725 年），也为避孔子名讳，创造了一个"邱"字，"丘"成了孔子的专用名，民间只能用"邱"，所以清代很多地名中都带有"邱"字，如章邱、安邱、封邱、霍邱、商邱、任邱、内邱、沈邱、邱北等，甚至连韩国历史上的"大丘"也变成了今天的"大邱"。这些"邱"字自新中国成立以来陆续被回改为"丘"字，但安徽的霍邱县、河北的邱县至今仍然沿用。

唐代大诗人李白有《登单父陶少府半月台》诗：

　　　　水色渌且明，令人思镜湖；

　　　　终当过江去，爱此暂踟蹰。

　　李白所称的"镜湖"，到宋代的吴曾却说："会稽鉴湖，今避庙讳，本谓镜湖耳。"（《能改斋漫录》）因宋太祖的祖父名赵敬，为避"敬"之嫌名"镜"，遂改"镜湖"为"鉴湖"。

　　古丝绸之路上的酒泉市是当今著名的航天城，其本名"渊泉"县，《史讳举例》说："后汉书张奂传：'敦煌酒泉人也。'……胡三省注《通鉴》云：'奂，敦煌渊泉人。'胡所见本，尚未讹也。汉志敦煌郡有渊泉县。晋志作深泉，盖避唐讳……后人习闻酒泉之名，妄改为酒耳。"所谓的唐讳，就是李渊的名讳。

　　河南商城县本名殷城县，至北宋建隆元年（公元960年），宋太祖赵匡胤追称其父弘殷为宣祖，并诏谕举国避偏讳"殷"字；殷城县遂改称"商城县"，属光州弋阳郡，此为商城得县名之始。宋王存等《元丰九域志》卷五："建隆元年，改殷城县为商城，后省为镇入固始。"清钱大昕《十驾斋养新录·避讳改郡县名》亦载："宋太祖之父名弘殷，殷城县曰商城，溵水县曰商水。"《资治通鉴》卷一四三胡三省注："殷城县，取县东古殷城为商城，避宣祖讳也。"同期的"殷州"也因此讳而改为"商州"，《宋史·蛮夷传四》："董蛮在马湖江右，□侯国也。唐羁縻驯、骋、浪、商四州之地。"中华书局标点本《校勘记》曰：

"'商'，原为唐的殷州，避赵匡胤父讳改。《两朝纲目》卷一三、《朝野杂记》乙集卷二〇'辛未利店之变'条仍作'殷'。"

河南信阳本名义阳军、义阳县。西周时是各诸侯国的国都、封地，战国时期曾为楚国的别都，三国及东晋末分别为弋阳郡、义阳郡的郡治所在地，唐代为申州、光州之州治。宋太平兴国元年（公元 976 年），为避宋太宗赵炅旧名"光义"的名讳，讳"义"为"信"，改为信阳军、信阳县。（"义"、"信"同义，《鬼谷子》陶弘景注："义，忠信也。"且"信"、"申"古通用，义阳曾为周封地申国）宋王存等《元丰九域志》载：太平兴国元年，改随州崇义军为宗信军，义阳军为信阳军，义阳县为信阳县（见此书卷一）；改雄州归义县为归信县（见此书卷二）；改泗州招义县为招信县（见此书卷五）。宋《舆地纪胜》卷八十"义阳军改信阳军"条下："太平兴国元年，避太宗讳故也。"《十驾斋养新录·避讳改郡县名》："太宗光义，改义阳军曰信阳。"周广业《经史避名汇考》卷十九："避宋太宗讳，改义阳为信阳。"《嘉庆重修一统志》卷二一六："义阳故城在信阳州南四十里……宋避讳，始改为信阳。"

河南光山县曾名期思县。春秋为弦国地，战国属楚。南朝宋时置光城县，隋开皇十八年（公元 598 年）置光山县，因境内浮光山得县名，《寰宇记》："册俯映长淮，每有光耀，因名光山。"南宋绍兴二十八年（公元 1158 年），为避金海陵王完颜亮太子光瑛的名讳，光山县更名为"期思县"。《宋史》卷八八"光州光山县"条载："绍兴二十八年，避金太子光瑛讳，改为期思县。"
《金史》卷八二亦载："避太子光瑛讳，宋改光山县为期思县。"

因避讳而改地名大约从秦始皇时肇始其端，汉代渐趋兴盛，六朝蔚然成风，唐宋登峰造极，至元而疏，明清又趋严苛，民国以后式微。其中隋朝避讳地名45例，唐代57例，五代36例，宋代50例，共188例，约占避讳改地名总数的90%。可见，从隋至宋的700多年间，是历史上避讳改易地名的高峰期。

因历代避讳改地名之例甚多，以下每个朝代只举一至两例。

秦：秦始皇父名子楚，改荆为楚。《史记·秦始皇本纪》："二十三年秦王复召王使将击荆。"

西汉：汉文帝名刘恒，讳"恒"为"常"，《史记》将恒山改为"常山"。《三国演义》中赵云出场时都要自报家门："常山赵子龙。"这个"常山"也就是大名鼎鼎的五岳之一——北岳恒山。三国去汉不远，其时还沿用改后的山名。（但到隋代，又复名"恒山"，唐代为避唐穆宗李恒名讳，又改回为"常山"，宋代为避宋真宗赵恒的名讳，又改为"镇山"。）

东汉：汉安帝父亲清河王，名庆，为避"庆"字，浙江绍兴南明的庆湖改为"镜湖"。

三国：孙权立太子孙和，避嫌名"禾"，改禾兴为"嘉兴"。

晋：晋愍帝司马业，将建业改为"建康"，邺县改为"临漳"。

南北朝：北齐废帝高殷，为讳"殷"字，将北魏孝明帝时设置的"殷州"改为"赵州"。

隋：隋高祖杨坚父名忠，避"中"字，凡"中"字均改为"内"，中牟改为"内牟"；隋炀帝名广，改广州为"番州"，改广陵郡为"江都郡"，改广安县为"延安县"，改广年县为"永年县"，因此而改州县名 34 个。

唐：唐代宗名李豫，改豫州为"蔡州"。唐肃宗憎恨安禄山，改安定为"保定"。

五代：后晋高祖石敬瑭，避"敬"之嫌名"竟"，将竟陵改为"景陵"。

宋：宋太祖赵匡胤始祖名玄朗，改河南朗山县为"确山县"。

明：明成祖朱棣时，避"棣"字，遂改沧州无棣为"庆云"，乐安州无棣为"海丰"。

清：吴三桂在云南割据时，讳"襄"为"厢"（吴三桂父名吴襄），讳"三"为"参"，讳"桂"为"贵"，改桂林为"建林"，桂阳为"南平"，桂东为"义昌"。又遥改襄阳为"汉南府"。

太平天国：为避洪秀全名讳，改浙江秀水为"绣水"，广西全州为"荃州"；为避杨秀清名讳，改青浦为"菁浦"，乐清为"乐菁"；为避冯云山名讳，改云南省为"芸南省"，山东、山西为"珊东"、"珊西"；为避萧朝贵名讳，改贵州省为"桂州省"；为避韦昌辉名讳，改武昌为"武玱"、南昌为"南玱"。

（三）因讳字而改变书名

因避讳改易书名，导致一书多名，引起混淆，加重了人们查检的负担。

《广雅》改为《博雅》。三国魏张揖为增广《尔雅》而著《广雅》，隋秘书学士曹宪为避隋炀帝杨广的名讳，改《广雅》为《博雅》。

《龙龛手镜》改为《龙龛手鉴》。辽代和尚行均编字书《龙龛手鉴》四卷，该书本名《龙龛手镜》，宋人刻书，因宋太祖的祖父名赵敬，为避嫌名"镜"，遂改《龙龛手镜》为《龙龛手鉴》。

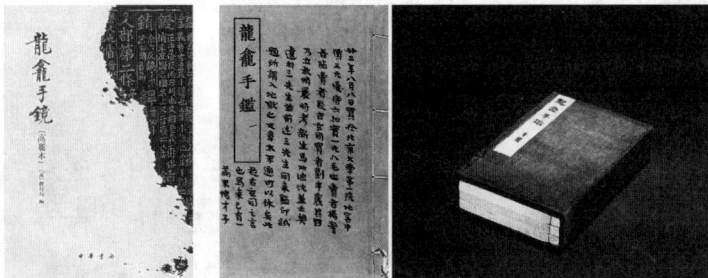

《龙龛手镜》书影

《白虎通义》改为《白武通义》。汉代的班固著《白虎通义》，到唐代因须避唐高祖李渊祖父李虎的名讳，讳"虎"为"武"，改《白虎通义》为《白武通义》。《旧唐书·艺文志》引作《白虎通》，书名无"义"字，则是宋人为避宋太宗赵光义名讳而改省。

《齐民要术》改为《齐人要术》。后魏贾思勰编著农书《齐民要术》，到唐代时因避唐太宗李世民的名讳，讳"民"为"人"，改《齐民要术》为《齐人要术》。

《殷芸小说》改为《商芸小说》。南朝时梁人殷芸著有《殷芸小说》，宋人为避太祖父赵弘殷名讳，讳"殷"为"商"，改《殷芸小说》为《商芸小说》。今两名并存。《丛书集成初编》有《殷芸小说》一卷，《说郛》、《古今说部丛书》则作《商芸小说》一卷。

《洛书》改为《雒书》。明光宗名朱常洛，为避其名讳，改"洛"为"雒"，古之《洛书》被改为《雒书》。

（四）因讳字而名物改称

秦始皇名嬴政，兼避嫌名"正"字，把"正月"称为"端月"。汉景帝刘启，讳"启"为"开"，把"启明星"称为"开明星"，把二十四节气之一的"启蛰"改为"惊蛰"，"惊蛰"至今沿用。三国时，魏武帝曹操的父亲名曹嵩，避嫌名"菘"字，把一种可腌制咸菜的植物"菘"称为"蔓菁"。隋朝著名学者刘臻特别爱吃蚬子，但他父亲名刘显，为避"显"之嫌名"蚬"，把"蚬子"称为"扁螺"。

白居易在《琵琶行》中有"江州司马青衫湿"一句，其中"司马"原是由"治中"这一官号改来的（"治中"是州刺史的

副职）。唐高宗李治为避其名讳，于贞观二十三年（公元 649 年）
七月下令"改诸州治中为司马"。唐高祖讳"渊"字，把龙渊剑
改称"龙泉剑"。唐太宗叫李世民，就把中央六部之一的民部改
为"户部"。周武后名曌，为避"曌"之嫌名"诏"，改诏书称
"制书"。唐代宗名李豫，为避"豫"之嫌名"蕷"，把薯蕷改称
"薯药"；到宋代时，宋英宗名赵曙，为避"曙"之嫌名"薯"，
又把薯药改称"山药"。五代时，吴武帝名杨行密，占据扬州，
讳"密"之嫌名"蜜"，扬州一带人称蜂蜜为"蜂糖"；又避
"行"之嫌名"杏"，把杏子称为"甜梅"。吴越太祖武肃王名钱
镠，避"镠"之嫌名"榴"，把石榴改称"金樱"。南唐后主名
李煜，为避"煜"之嫌名"鸰"，把鸲鹆称为"八哥"。宋光宗
赵惇的妻子名李凤，为避李皇后的名讳，宫中称凤仙花为"好女
儿花"。唐高宗时有一个年号叫显庆，但到唐中宗时却有"明庆
中，皇后亲蚕"的说法，这里的"明庆"其实就是"显庆"，是
为了避唐中宗李显的名讳而讳"显"为"明"。唐太宗年号叫贞
观，到宋代时，为避宋仁宗赵祯名讳的嫌名"贞"，把年号"贞
观"称为"真观"或"正观"。

（五）因讳字而词语淆乱

秦始皇名赵政，避嫌名"正"字，把"不敢正言其过"称为
"不敢端言其过"（《史记·秦始皇本纪》），把"正平法度"改为
"端平法度"、"正直敦忠"改为"端直敦忠"（《琅琊台刻石·秦

颂》)。淮南王刘安父名长，他主持编写的《淮南子·齐俗训》中引《老子》"长短相形，高下相倾"时，改为"高下相倾，短修相形"。改后的词语令人费解。

　　唐高祖李渊的祖父名虎，为避讳，唐人将成语"画虎不成反类狗"改成"画龙不成反为狗"；唐人李延寿作《北史》，把成语"不入虎穴，焉得虎子"写成"不入兽穴，不得兽子"。还有讳"虎"为"武"，出现诸如"熊武之姿"、"握蛇骑武"、"龙行武步"、"武视江湖"等词语，怪诞离奇，于义理不通。

　　"皮里春秋"是一成语，指藏在心里不说出来的言论。东晋时期，谢安经常在众人面前夸奖褚裒风度不凡，吏部尚书郎桓彝见他后也夸他名不虚传，有皮里春秋。意思是口头上不说什么，心里是非分明很有主见。但《晋书·褚裒传》却载："季野有皮里阳秋。"这里"皮里阳秋"很是怪诞，其实这里是晋人为避简文帝母亲阿春的名讳，讳"春"为"阳"，把"皮里春秋"说成"皮里阳秋"。

　　唐太宗李世民，为避其名之偏讳"世"，唐人把词语"厌世"改为"厌代"，不合义理。唐高祖李渊的父亲名李昺，为避"昺"之嫌名"丙"，唐人将干支纪年的词语"丙寅"、"丙申"改为"景寅"、"景申"。若不明避讳，极易淆乱。

（六）因讳字而字书漏收或阙释

　　先秦文献少见"屎"字，因为屎既脏又臭，不洁不雅，古人

非常忌讳。为了避讳，汉代几部字书如《说文解字》、《方言》等
也都未收"屎"字，文献中也多以"矢"代"屎"，以避俗求
雅，如《左传·文公十八年》："杀而埋之马矢之中。"司马迁写
《史记》也以"矢"代"屎"，《廉颇蔺相如列传》："与臣坐，顷
之三遗矢矣。"司马贞《索隐》："谓数起便也，矢，一作屎。"

北宋大文学家王安石，编有一部字典名《字说》，但这部字
典却少了一个常用的"益"字，陆游在《老学庵笔迹》卷六中解
释说："王荆公父名益，故其所著《字说》无'益'字。"可见，
王安石为避家讳而故意不收"益"字。

《说文解字》问世于东汉，东汉皇帝自光武帝至汉安帝的名
讳字虽然都收于字典，但由于是帝讳的缘故，字的形、音、义都
不予解释，只标明"上讳"。这样的字在《说文解字》中有5个：
《禾部》的"秀"字，系光武帝刘秀的名讳；《艸部》的"庄
（莊）"字，系汉明帝刘庄的名讳；《火部》的"炟"字，系汉章
帝刘炟的名讳；《戈部》的"肇"字，系汉和帝刘肇的名讳；
《示部》的"祜"字，系汉安帝刘祜的名讳。

（七）因讳字而影响职官科举

《后汉书》的作者范晔担任太子詹事一职，但其父亲名叫范
泰，官职名中"太"字与父名"泰"谐音，犯了家讳，范晔不得
不因之而辞官。

南朝齐文惠太子萧长懋，被任命为秘书丞（掌文籍等事之

官），但其曾祖父名承之，犯了家讳之嫌名，于是辞不赴任，改任中书郎。

北宋人吕希纯，担任著作郎一职，因父名公著，犯了家讳而辞官。

北宋司马光被遣出使辽国，但因辽主名耶律德光，司马光只好以同名难避而辞掉了这一差使。

南宋人马骘，绍兴八年任衡州知府，因为州内有一个安仁县，恰与父同名，马骘不得不辞官。

先秦时有"诗书不讳，临文不讳"的规则，但汉唐以来，写成的文字均须避讳。尤其是科举考试，所避文字最多，包括国讳（庙讳）、圣讳、家讳、宰相名讳、主考官之讳等。比如，宋代是避讳最严的一个朝代，庙讳就达到 50 个字；宋孝宗时，应避讳的文字达到 278 个！科举考试中，文人士子遣词造句战战兢兢，如履薄冰，举子"举场试卷，小涉疑似，辄不敢用，一或犯之，往往暗行黜落"，进而失去中榜机会。

科考中，如遇试题之名犯家讳，应试者必须中途退出考试，还要递上纸状，说"即患心痛，请出试院将息"。甚至科考的级别之名如果犯了家讳，也不得应试。宋代举子刘熙古的祖父名实进，为避家讳之偏讳"进"字，刘熙古终生不考进士。还有因为考生姓氏犯家讳而使主考官被迫辞职的，如唐代崔殷梦的父亲名叫崔龟从，崔殷梦主掌贡举考试，得知有一个叫归仁泽的考生，因这位考生的姓"归"和父名偏讳"龟"谐音，崔殷梦遂辞去主考官之职。宋钦宗名赵桓，避"桓"之嫌名"丸"字，凡在科考中所作八股文以"丸"字作韵脚的，一律落第。

唐代裴德融参加科举考试，裴德融的父亲名皋，与主考官高锴的姓同音，当时高锴就警告裴德融说："你的父亲讳皋，而在我的名下就试，如及第，困一生事。"裴德融不听，及第后为屯田员外郎，但按当时的舆论，这是犯忌讳的，在社会上遭人歧视。果然有一次，裴德融拟向皇帝参劾右丞相卢蔺，卢蔺叫人传话给裴德融说："员外，你还记得你是什么人名下及第的吗？像你这样犯讳得官的人，如果有事，皇上是不会见你的。"裴德融一听，正触着自己的隐处，怕于自己不便，便仓遽而去，放弃参劾了。

明英宗名朱祁镇，英宗十七年（公元 1452 年），科考殿试评卷完毕，有一个叫祁顺的考生本来名列第一，但因这位考生的"祁"姓犯了英宗名"祁镇"的偏讳，评卷的阁老在司礼监太监的提醒下，把祁顺降为第二，原本第二的王一夔升至状元。慈禧太后的小名叫翠妞儿，人们在诗赋中、科考中都会回避"翠"字。光绪朝有一年会试，题目是"麦天晨气润"，一个外地来京城参加科考的考生不知慈禧的小名避讳，在诗中竟用了"翠浪"一词，"翠"字犯讳，"浪"字意味女人风骚，本来这份试卷非常优秀，阅卷考官也只能忍痛割爱了。

（八）因讳字而影响日常生活

唐朝的国姓是李，因"鲤"与"李"同音，唐朝就禁止捕食鲤鱼。731 年正月，唐玄宗下诏"禁断天下采捕鲤鱼"，凡捕得鲤鱼者必须放生，街市有贩卖鲤鱼者杖六十。推而广之，唐代统治者更是制定出一系列条例，限制钓鱼食用，甚至将禁食鲤鱼推广到限食一切鱼虾。宋徽宗赵佶生于壬戌之年，属狗，因此忌讳"狗"，降旨禁止天下杀狗。元仁宗因为属鸡，便讳"鸡"，降旨禁止在大都市内提到鸡。从此买鸡卖鸡，都得抱鸡而行，以示对"鸡"字的尊崇。明武宗既姓朱，又属猪，便讳"猪"，在正德十四年（公元 1519 年），他下了一道圣旨，禁止民间养猪，认为养猪、杀猪是对皇帝的大不敬。《经史避名汇考》卷二三："《青岩纪略》云：（明）武宗正德十四年十月，上在南京，禁民间养猪及货售、宰杀，犯者发极边卫充军，以国姓与'猪'同音也。刻日，小民杀猪殆尽。"圣旨一下，几年后，几乎全国都断了猪种，以至于节日用来祭祀天地祖庙的猪都无法找到。后来，由于大臣们的劝谏，他才不得不取消这些禁令。清代慈禧太后属羊，于是朝中下令，不许人们说"养羊"、"杀羊"、"吃羊肉"之类的话。但是又不能不吃羊肉，于是慈禧又下令，把羊肉叫"福肉"或"寿肉"。

晋朝有个叫王忱的人，一天去看望桓玄，桓玄用酒招待他。王忱忌喝冷酒，便吩咐仆人去"温酒"，谁知桓玄听后突然大哭起来，原来他的父亲叫桓温，所以他一听"温"字就痛哭流涕。王忱自知犯了桓玄的家讳，讨了个没趣，只好匆匆告辞。

唐天成年间，卢文纪担任工部尚书，其父名嗣业，卢文纪的下属有一个叫于邺的人，多次想拜见他，卢文纪均以其名"邺"和父名"业"谐音，犯其家讳为由而拒绝。唐代有一个叫袁师德的人，父亲名叫袁高，因为"糕"与"高"同音，就不忍再食糕点。

北宋有一人叫刘温叟，其父名岳，所以他不游中岳嵩山、西岳华山，又因"岳"与"乐"同音，为避嫌名，他又终身不听音乐。

还有一北宋人徐绩，父名石，所以徐绩平生不用石头做的器皿，遇到石头从不践踏，遇到石桥则让人背他过去。

七、讳字有规律，腐朽化神奇
——文史研究和避讳字

唐朝人读《隋书·经籍志》，如果遇到"徐野人"这个名字，可能不知道是何许人，这个"徐野人"其实是晋朝人，作《史记音义》十二卷。他本名徐广，字野民，隋朝时因为隋炀帝名杨广，只能避讳以称字，叫"徐野民"。到了唐代，为避唐太宗李世民的名讳，就改成"徐野人"。清代学者黄丕烈花了24两银子买了一部《幽兰居士东京梦华录》，别人都以为是宋代的刻本，但黄丕烈不以为然，他根据书中的文字全然不避宋朝的国讳，断定不是宋代刻本，而是元朝的上乘刻本。

避讳作为一种社会文化现象，充斥于各种文史典籍之中，因此，避讳现象是所有文史学习者和研究者在接触各种典籍时不容忽视的问题：一方面，"忌讳繁，名实乱"，避讳造成了文字混乱，甚至淆乱了历史事实，给人们阅读古籍和甄别文史材料带来了困难；但另一方面，避讳字和时代有着相对严整的对应规律，如果我们掌握了这些关系规律，就可以化腐朽为神奇，用来进行鉴定版本、校勘古籍、辨别伪书、考订时代等文史考证工作。这样，避讳知识对于古籍整理、文史学习和研究就有了积极的意义。

（一）避讳对文史学习和研究的消极影响

1. 文字混乱，影响阅读

如前所述，避讳造成了汉字使用的混乱，使文献典籍出现大量的错字（残缺字）、别字、脱字、异体字、新造字，甚至出现一些令人费解的词语，影响人们阅读典籍的效率，从而对文史学习和研究造成消极影响。

唐代医药学家许胤宗，在宋代因避太祖赵匡胤名讳，被改为"许嗣宗"，至明代又被改称"许允宗"，到了清代，因避雍正皇帝胤禛讳，则被写成"许引宗"、"许裔宗"。一个人名几经改易，引起阅读上的诸多麻烦。

唐代章怀太子李贤注《后汉书》，在《光武帝纪》中注引《续汉书》曰："伯升宾客劫人。"在《杜林传》中注引《东观记》曰："后稷近周，人户知之，基由基祚。"以上是为避唐太宗李世民讳而改"民"为"人"。在《韦彪传》中注引《论语》曰："斯三代之所以直道而行之也。"但《论语·卫灵公篇》原文作"斯民也，三代之所以直道而行之也。"此处又缺省了"民"字。宋代大书法家米芾书《千字文》，为避宋太宗赵炅的旧名"光义"讳，省阙了其中"金生丽水，玉出昆冈，剑号巨阙，珠称夜光"四句。清修《四库全书》，因避讳而将原作大肆改易，将岳飞《满江红》名句"壮志饥餐胡虏肉，笑谈渴饮匈奴血"改为"壮志饥餐飞食肉，笑谈欲洒盈腔血"，因为说"胡虏"、"匈奴"在清代是犯忌的；陈亮的《水调歌头·不见南师久》："尧之都，舜之壤，禹之封。于中应有，一个半个耻臣戎。""耻臣戎"犯讳，就改作"挽雕弓"；辛弃疾的《永遇乐·千古江山》中的"斜阳草树，寻常巷陌，人道寄奴曾住"，被改作"人道宋主曾住"。因"寄奴"是南朝宋开国皇帝刘裕的小名，而"宋主"算是刘裕的尊称。避讳引起的文字混乱可见一斑，清雍正皇帝就曾感慨避讳改字导致书籍难读："朕览本朝人刊写书籍，凡遇'胡虏'、'夷狄'等字，每作空白，或改易形声，如以'夷'为'彝'，以'虏'为'卤'之类，殊不可解。揣其意盖为本朝忌讳，避之以明敬慎。不知此固背理犯义，不敬之甚至也。"（黄裳《笔祸史谈丛》）历史学家陈垣先生在《史讳举例》中针对避讳所引起的文字淆乱也发出"古书之难读"的感慨。

避讳引起的文字混乱常令古籍整理者以讹致讹，如《新唐书·地理志》："思唐州，武郎。""郎"实为"朗"。宋人为避赵氏始祖名玄朗，而缺"朗"字末两笔，从而和"郎"字形似，后代文史工作者遂讹为"郎"。《四部丛刊》中《朱文公文集》卷一《晨起对雨》诗："守道无物欲，安时且盘相。""盘相"实为"盘恒"之误。宋本为避钦宗赵恒名讳，将"恒"缺末笔作"□"，后世文史工作者翻刻时误作其形似字"相"。

唐代柳宗元《柳河东集》中有一篇《故殿中侍御史柳公墓

表》："唐贞元十二年二月庚寅，葬我殿中御史河东柳公于万年县之少陵原。君讳某字某，邑居于虞乡。曾王父某官，皇考某官。"其中"讳某字某"是这位御史的名字，但后来宋人给《柳河东集》作注，就不知道"某"代替的是什么汉字了，只能注为"其名讳不可考"。

王懋《野客丛书》卷二八记载："《海陆碎事》谓渊明一字泉明，李白诗多用之，不知称渊明为泉明者，盖避唐高祖讳耳。犹杨渊之称杨泉，非一字泉明也。"由于唐人避李渊名讳，将"陶渊明"写成"陶泉明"，而《海陆碎事》的作者遂误以为陶渊明又字"泉明"。

2. 义理不通，令人费解

古人为了避讳，擅改古籍中的字词，造成有些词句扞格难通，于事理不符，令人费解。如晋人为避简文帝母亲郑太后阿春讳，改"春秋"为"阳秋"，本来就不合事理；可后世竟然效仿，宋代葛立方就把自己所撰诗话命名为《韵语阳秋》。宋代范镇父名度，为避父名讳，范镇在其所撰《仁宗实录》中将"度量权衡"改成"尺量权衡"，于义不通。乾隆皇帝名弘历，清人便将"黄历"改为"时宪志"，令人费解。《隋书·高祖纪上》："方置文深之柱，非止尉佗之拜。"其中"文深之柱"不通，无从说解。"文深之柱"实为"文渊之柱"，为避唐高祖李渊名讳而改。"文渊之柱"系一事典：东汉伏波将军马援字文渊，曾率军平定交阯，立铜柱以表功。

于事理不符的避讳常使后世的文史研究致误，如《后汉书·儒林传》有"若是所谓画龙不成，反为狗者"，刘攽注曰："按古语皆云画虎不成，此误。"刘攽不知"龙"为避唐高祖父李虎名讳而改。《隋书·韦师传》有"以司空杨雄、尚书左仆射高颎，并为州都督"，其中"州都"实为"中正"，为避隋文帝父杨忠嫌名而改。"中正"乃魏晋以来设置的用以甄别流品的官名，后"中正"改成了"州都"，校书者便不甚解其义了，于是妄加了一"督"字。

3．淆乱史实

避讳还可导致史实的淆乱，尤其是人姓、人名、谥号、官名、地名、年号、书名之类，常因避讳而改，从而扰乱了历史事实。如《新唐书·地理志一》注曰："东有渠引渭水入升原渠，通长安故城，咸通三年开。"这里"咸通三年"实为"咸亨三年"。唐人为避肃宗李亨名讳，将"咸亨"改为"咸通"。但这样一来，便与190年后唐肃宗的年号"咸通"相混了。

《崇文总目》卷一记载有"《博雅》十卷，张揖撰"，但与史实不符。张揖撰书名实为《广雅》，到隋代为避炀帝杨广之名讳，书名被篡改为《博雅》。《宋史·艺文志》"解经类"载唐颜师古《刊谬正俗》八卷，而"儒家类"又载颜师古《纠谬正俗》八卷。其实颜师古著书名为《匡谬正俗》，宋人为避太祖赵匡胤之名讳，或讳"匡"为"刊"，或讳"匡"为"纠"。这样，只因避讳，一书竟有三名。《宋史·艺文志上》别集类，前有"《廖光图诗集》二卷"，后又有"《廖正图诗》一卷"，陈垣《史讳举例》指出："本名匡图，宋人避讳，或改为'光'，或改为'正'，其实一书也。"《北史·周本纪上》："遣仪同李讳与李弼、赵贵等讨曹泥于灵州，讳引河灌之。"又《北史·周本纪下》："天和六年……以大将军李讳……并文柱国。"两个"李讳"，稍有不慎，便会误作一人。其实前者指唐高祖李渊之祖父李虎，后者指李渊之父李昺。《北史》撰者李延寿系唐人，为避名讳，便将李虎、李昺父子二人并作"李讳"。

如不明避讳，文史研究时就会被一些史料困扰，如（宋）吴缜撰《新唐书纠谬》云："《杜求仁传》云，求仁与徐敬业举兵，为兴复府左长史。死于难。今案：《徐敬业传》，求仁为匡复府右长史，与求仁传不同。未知孰是。""兴复府"实为避宋太祖赵匡胤讳而改，当为"匡复府"。而吴缜竟"未知孰是"，可见避讳足以淆乱史实。

4. 材料失真，给甄别、使用文史材料带来困难

避讳现象充斥于各种文史典籍之中，作为文史研究者，必须结合避讳知识仔细甄别所要使用的古籍材料，如稍有不慎，便会因避讳现象而使材料失真，使研究成果大打折扣。如《中国人名大辞典》有"氾幼春"条，而"氾幼春"当为"氾稚春"之误，

《晋书》卷九一有"氾稚春本传"。《大辞典》作"氾幼春",盖取材于《南史·隐逸上·陶潜传》:"济北氾幼春,晋时操行人也。"但《南史》成于唐高宗时,故避高宗李治嫌名("稚"与"治"同音),改"氾稚春"为"氾幼春",而《大辞典》取材时失于甄别,从而致误。

又如《汉语大字典》"亘"字条,其中一义项注:"姓。《万姓统谱·先韵》:'汉庐江丞亘宽。又,亘谦,定国内史。'""亘"不当有"姓"一义项,所举书证中的"亘宽"当为"桓宽","亘谦"当为"桓谦",为避宋钦宗赵桓讳而省书木字旁所致。而《万姓统谱》撰者凌迪知本是明人,不当避宋讳,盖沿袭宋代姓氏类书中的避讳所致。(王彦坤《工具书及史书中不明避讳致误举隅》)

(二) 避讳对文史学习和研究的积极意义

避讳虽对文史研究有消极影响,但也可化腐朽为神奇,利用避讳促进文史研究。因为避讳字都有一定的规律可循,各朝的讳法、讳例、讳字不同,带有深刻的时代烙印,它们恰好可以反映某个时代的特点,作为那个时代的标志。如汉代皇帝名刘邦、刘盈、刘恒、刘启、刘彻、刘弗陵、刘询、刘奭、刘欣,汉代典籍就将"邦"改为"国"、"盈"改为"满"、"恒"改为"常"、"启"改为"开"、"彻"改为"通"、"弗"改为"不"、"询"改为"谋"、"奭"改为"盛"、"欣"改为"喜"。再如宋代雕版刻印的古书，凡遇皇帝名"胤"、"恒"、"祯"、"曙"、"顼"、"煦"、"桓"、"构"、"慎"、"扩"、"昀"等字，都缺笔避讳，特别严格。

陈垣先生在《史讳举例》序言中说："盖讳字各朝不同，不啻为时代之标志，前乎此或后乎此，均不能有是，是与欧洲古代之纹章相类，偶或有同者，亦可以法识之。"利用避讳字和时代的对应关系规律，我们可以校勘古籍、鉴定版本、辨别伪书、考订时代。

1. 校勘古籍

避讳可以为校勘古籍中的脱讹错衍提供参考，如《文苑英华》卷八八三载碑文："大父，隋职尚书方郎中。"而查石刻司空苏瑰碑："大父，隋职尚书方郎。"并无"中"字。两本不同，莫衷一是。但隋文帝父讳忠，隋代避其嫌名"中"，遇"中"字或缺或改。据避讳可知《文苑英华》妄增中字，非原本。

又如《北齐书·神武纪》称北齐高祖皇帝高欢之父名高树，而《北史·齐纪》、《魏书·高湖传》中称高欢父为高树生，但据《北齐书·杜弼传》："相府法曹辛子炎咨事云'取署'，子炎读'署'为'树'，神武怒其犯讳，杖之于前。弼进曰：'礼，二名不偏讳，孔子言徵不言在，言在不言徵，子炎之罪，理或可恕。'"可知高欢父名树生，否则，杜弼所言偏讳就无所指。从而便知《北齐书·神武纪》脱了一个"生"字。再如《宋史·仁

宗纪》："景祐二年正月，置迩英、延義二阁。"但同书卷八五
《地理志》则为"延義阁"。宋太宗旧名光义，宋所置阁名不可能
犯太宗偏讳，据此可知《宋史·仁宗纪》中"义"必为"義"
之形讹字。

南朝梁萧子显撰《南齐书·高帝上》中有一句"以公秉礼弘
律"，而同样的内容唐朝李延寿著《南史·齐本纪上》却记载为
"以公执礼弘律"，"秉"、"执"一字之差，莫衷一是。《南齐
书·校勘记》根据避讳，认为唐高祖李渊的父亲名李昞，为避嫌
名"秉"，唐人李延寿在《南史》中就把"秉礼"改为"执礼"。

2. 鉴定版本

讳字具有时代性，甚至在自唐至清的历朝法律中，对于哪些
字必须避讳，都有明确的条文加以规定。我们可以通过讳字鉴定
版本或推知其时代。如明孝宗年号"弘治"，到清代因清高宗名
"弘历"，改"弘治"为"宏治"。若古籍中出现"宏治"，其刊
刻当在乾隆之时或之后。清卢文弨校《太玄经》，得一旧本，以
为是北宋刻本。但钱大昕根据篇末所署"干办公事张寔校勘"，
认为是南宋刻本。因为"干办公事"原作"勾办公事"，为南宋
时避宋高宗赵构之嫌名而改。钱说当是，北宋前乎此，不可能避
后世高宗赵构讳。

有一本《杜甫诗集》，其中《诸将》诗中的"曾闪朱旗北斗
殷"写成"曾闪朱旗北斗闪"，清代大学者梁章钜根据避讳认为

这个诗集不是唐朝的版本，而是宋代的版本。杜甫的父亲名杜闲，"闲"字是杜甫的家讳，杜甫不可能犯家讳，所以不可能是唐朝版本；为什么要改"殷"为"闲"呢？因为宋太祖的父亲名赵弘殷，"殷"字是宋代的庙讳，所以宋代版本就讳"殷"为"闲"。

又如《后汉书》中，"玄"、"玹"、"縣"、"絃"、"懸"、"朗"、"朓"、"敬"、"儆"、"驚"、"竟"、"镜"、"境"、"殷"、"弘"、"匡"、"筐"、"洭"、"恇"、"胤"、"恒"、"祯"、"侦"、"贞"、"浈"、"徵"、"让"、"襄"、"儴"、"暑"、"曙"、"树"、"澍"、"竖"、"顼"、"勖"、"畜"、"戌"、"煦"、"桓"、"垣"、"完"、"丸"、"纨"、"浣"、"莞"、"筦"、"媾"、"遘"、"購"、"垢"、"媛"、"瑋"、"慎"、"轩"、"辕"等字皆缺末笔，其中"玄"、"玹"、"縣"、"絃"、"懸"、"朗"等字避赵匡胤始祖玄朗讳；"朓"字避赵匡胤高祖赵朓讳；"敬"、"儆"、"驚"、"竟"、"镜"、"境"等字避赵匡胤祖赵敬讳；"殷"、"弘"等字避赵匡胤父弘殷讳；"匡"、"筐"、"洭"、"恇"、"胤"等字避赵匡胤讳；"恒"字避真宗赵恒讳；"祯"、"侦"、"贞"、"浈"、"徵"等字避仁宗赵祯讳；"让"、"襄"、"儴"等字避英宗父赵允让讳；"暑"、"曙"、"树"、"澍"、"竖"等字避英宗赵曙讳；"顼"、"勖"、"畜"、"戌"、"煦"等字避哲宗赵煦讳；"桓"、"垣"、"完"、"丸"、"纨"、"浣"、"莞"、"筦"等字避钦宗赵桓讳；"媾"、"遘"、"購"、"垢"等字避高宗赵构讳；"媛"、

"瑋"、"慎"等字避孝宗赵昚（又名赵媛、赵瑋）讳。张元济先生《涉园序跋集录》根据以上避讳认为此书刊刻于高宗南渡以还，而成于孝宗受禅之后。（曹之《中国古籍版本学》）

3. 辨别伪书

伪书也可从避讳中找到蛛丝马迹：有些字当避不避，有些字不当避又全行回避，从而为辨伪提供了有力的辅助证据。如《元经》是一部编年史，旧题"（隋）王通撰"。但《四库提要》指出《元经》"于康宁三年书'神虎门'为'神兽门'，则显袭《晋书》。"（《晋书》因避唐高祖李渊父名李虎讳而将"神虎门"作"神兽门"）隋文帝讳"坚"，但《四库提要》又云："（《元经》）于周大定元年直书'杨坚辅政'。通生隋世，虽妄以圣人自居，亦何敢于悖乱如是哉。"虽然宋代何薳《春渚纪闻》、陈师道《后山丛谈》曾记载《元经》为阮逸伪撰，但避讳无疑也提供了有力的证据。（杜泽逊《文献学概要》）

又如《新唐书·艺文志》载有隋王通著《中说》一书，但王通既为隋人，当避隋文帝父杨忠嫌名"中"字。陈垣《史讳举例》据此认为《中说》并非隋王通所撰，而是伪书。

汉将李陵曾写过3首诗，但《史记·李将军列传》、《汉书·李陵传》均没记载。宋代的洪迈、清代的顾炎武根据诗中"独有盈觞酒，与子结绸缪"一句，其中的"盈"字正是汉惠帝刘盈的名讳，而李陵生在武帝、昭帝之时，当避"盈"字而不避，从而断定所谓的李陵之诗是他人拟作，并非出于西汉人之手。

4．考订时代

避讳字和时代的对应关系极为严整，通过讳字可以判断古籍的成书时代或作者所处的时代。如北京师范大学藏《明谥考》三十八卷，前人已考订为清人所抄，但具体年代不详。书中卷内"曆"字作"歷"，"弘"字作"宏"，可见避乾隆弘曆讳；而"琰"字不避讳，可见不避仁宗顒琰讳。于是便知该书避讳至乾隆止，进而可推定该书为乾隆年间所抄，成书年代就更精确了。又如《宝刻类编》撰者无考，但由其内容终于五代可知其作者不可能是宋代以前的人；此书中有瑞州碑刻，而宋宝庆年间为避宋理宗赵昀之嫌名，改江南筠州为瑞州，据此可知作者当为宋末之人。

清末四大藏书家之一的陆心源所编著的《皕宋楼藏书志》中载有《资治通鉴考异》三十卷，书中的"朗"、"匡"、"胤"、"敬"、"贞"、"恒"等字全都作缺笔避讳，其余字概不避讳。有人根据所避讳的字全是宋仁宗及其以前的庙讳，而其后的国讳一概不避，因此判定该书是宋仁宗时的刊本。

清代的钱大昕根据石刻《诗经》残本中的"渊"字、"民"字缺笔，判断避唐朝的庙讳；又根据其中还避讳后蜀皇帝孟知祥的名讳"祥"字并把孟知祥的祖父名"察"字作缺笔处理，从而考证出该《诗经》残本为后蜀时期的石刻。

罗振玉先生根据敦煌出土的《修文殿御览》残卷考证："虽仅存二百五十余行，吉光片羽，弥可珍贵。且书迹尔雅，'虎'、'民'、'治'诸字缺笔，而'隆'字则否，知其缮写之岁，尚在开、天之前。"（《敦煌古籍叙录》）罗振玉先生就是根据"虎"、"民"、"治"三字都缺笔，而"隆"字不缺，考证出《修文殿御览》残卷缮写的时间应该是在唐玄宗开元、天宝年间以前。

《黄帝内经太素》一书著者为杨上善，但史书没有记载其生平。宋代林亿、明代李濂、徐春甫等均认为杨上善为隋人。但书中对隋文帝杨坚、隋炀帝杨广的名讳，一律不避，而对于唐高祖、唐太宗、唐高宗三个皇帝的名讳，则全都避讳，连高祖父亲的名讳也避，如"渊"作"泉"、"丙"作"景"、"世"作"代"、"民"作"人"、"治"作"理"或"疗"等，甚至在《太素·四时脉诊》"脱血而脉不实不坚难疗也"这样一条包含隋唐两讳的注文中，不避隋讳"坚"字，而避唐讳"治"字。因此，根据该书中只避唐讳而不避隋讳的情况，可判定《太素》为唐书，杨上善当为唐人或由隋入唐之人。

（三）应注意的问题

（1）避讳充斥于各种文史典籍，其淆乱文史材料、错乱文字，严重影响阅读和研究效率。因此，作为文史工作者，要避免避讳造成的消极影响，必须掌握一定的避讳知识。一方面要熟悉历代的讳法、讳例、讳字、讳类；另一方面，还要学会熟练查找皇帝、诸王、后妃等名讳，以及他们的祖讳、家讳等，这样在文史阅读和考证时才能熟练运用讳字规律。历史上避讳制度最严格的时期莫如两宋，明万历以后，清康、乾时期。因此，对于这些重点时期的讳法、讳例、讳字，要多牢记一些，这样，在文史研究时才能及时发现和解决问题。

（2）避讳字用于鉴定版本、辨别伪书等考证工作时还不能"一锤定音"，一般来说，不能作为唯一的证据使用。这是因为版本有原刻本、翻刻本、影刻本、影印本的区别。翻刻本讳字照刻，影刻本是用笔影摹或双钩底本字体，上版重刊，讳字自然也全部照录，影印本讳字更依然如故。翻刻本、影刻本、影印本上的讳字不再反映原刻的时代特点，这时讳字和时代就不存在对应规律，自然也不能用于文史考证。

另外，官刻本、私刻本、坊刻本也有不同：官刻讳法严格，利用起来较为可靠，但私刻、坊刻讳法就不那么严谨，甚至同一字此避彼不避。这时如利用讳字来考订时代，就难免张冠李戴。因此，利用避讳字考证时只有结合文史材料的其他特点综合考察，才能得出可靠的结论。

八、识得庐山面，只缘在他山

——汉字避讳的语言文化学阐释

从发生学上讲，避讳源于世界各民族普遍存在的心理现象——禁忌（塔布 taboo）。但是，避讳又是社会文化现象，是民俗文化的一部分，其产生和发展总是与其赖以存在的社会息息相关。如前所述，避讳包括俗讳、恶讳和敬讳。尤其是敬讳，它是语言禁忌与政治相结合的权力话语，是中国古代社会特有的文化现象。因此，只有联系中国社会和汉民族独特的文化心理，用语言文化学、社会学等诸多人文学科的多维视角来观察，才能把握中国避讳独特的人文内涵。

（一）避讳形成的心理机制

避讳心理，各民族普遍存在，如西方人忌讳"13"，日本人忌讳"四"，等等。汉民族的避讳既包含人类普遍具有的避忌心理，又体现出不同于其他民族所独有的文化心理特点。

1. 迷信、畏惧心理

当原始先人处于蒙昧状态之时，基于"神"和"万物有灵"的观念，他们认为语言有着超凡的力量，对语言产生了迷信和崇拜。他们不能正确认识语言和它代表的客观事物之间的关系，往往把语言等同于客观事物本身或客观事物的一部分，把语言和祸福相联系，从而对所崇拜、畏惧的事物不敢直接称说；遇到凶恶、不吉利的字眼或其谐音，出于迷信而产生畏惧心理，从而加以回避，这就是语言迷信。

正如吕叔湘先生所说："语言和文字是人类自己创造的，可是在语言文字的神奇作用面前，人们又把它当做神物来崇拜起来。他们用语言来祝福，用语言来诅咒。他们选用吉利的字眼作自己的名字，作城市的名字，作器物的名字。他们甚至相信一个人的名字跟人身祸福相连。"（《语言和语言研究》）

这种原始的语言禁忌是一种典型的原始巫术思维，用现代语言学的观点看，它是对名实关系，即所谓能指与所指关系的错位误读。因为姓名不过是供人称呼的语言符号，它和人自身的关系是概念和实体的关系，概念用来代表实体，但并不是实体本身。

中国人对名字的迷信程度是世界各民族中独有的，从而形成中国人所特有的名讳。相比之下，西方人几乎不避名讳，无论尊卑贵贱、年龄长幼，均可直呼其名。鲁迅先生《三味书屋》中就有"美女蛇"的传说，人的名字一旦被称呼，倘若答应就会被吃掉；《西游记》中的妖怪"金角大王"有一个宝葫芦，妖怪一呼某人的名字，被呼的人一旦答应，就会被吸入宝葫芦中；中国古代的巫术活动，也是将人的名字写在特制的布偶或纸人上，用以代替被诅咒的人本身。可见，中国人相信名字和人身祸福息息相关，甚至把名字看作人本身。这种名讳心理不仅仅是因为古人对姓名太过迷信，把姓名等同于自身，而且因为古人赋予姓名太多的社会人文内涵：姓是部落和族群的图腾和尊严，氏是社会地位的标志（即《颜氏家训》所谓"姓别婚姻，氏别贵贱"，上古只有贵族才有氏，后来姓氏合流通称为姓）；名以正体，字以表德。所谓正体，就是名表明自身，区别他人，有明确谱系宗族的作用，还是和姓有联系。除了名之外，成人还有字，《礼记·曲礼上》："男子二十冠而字；女子许嫁，异而字。"《礼记·冠礼》："已冠而字之，成人之道也。"所谓字以表德，就是说字用来彰显德操。《左传·桓公六年》就赋予名五种德行："名有五：有信、有义、有象、有假、有类。以名生为信，以德名为义，以类命为象，取于物为假，取于父为类。"

国人所特有的名讳心理也可以从古人在辨物取名之始找到渊源。古人非常重视事物的名称，《管子·心术上》："名者，圣人之所以纪万物也。"《老子》："无名万物之始，有名万物之母。"《荀子·正名》："故王者之制名，名定而实辨，道行而志通。"《管子·枢言》："管子曰：……有名则治，无名则乱治者以其名。……一名正则治，名倚则乱，无名则死，故先王贵名。"孔子甚至认为"名不正，则言不顺；言不顺，则事不成"。

因此，古人当然非常重视自己的名字，讲究"行不更名，坐不改姓"。取名也很有讲究，往往通过取名来表达某种愿望，如霍去病、辛弃疾、陈延年、蒲松龄等。既然国人对姓氏名字如此重视，其名讳心理也就不足为怪了。

2. 求吉心理

趋利避害是人的本能，人类总是向往美好的事物，回避不好、凶恶的事物。明代陆容《菽园杂记》："民间俗讳，各处有之，而吴中为甚，如舟行讳住讳翻，以箸儿为快儿，蟠布为抹布；讳离散，以梨为圆果，伞为竖笠；讳狼藉，以榔槌为兴哥；讳恼躁，以谢灶为谢欢喜。"随着人类文明程度的提高，人类摆脱了语言迷信，但人们仍旧讳言、讳用凶恶的字眼，这时避讳就是源于人们避凶求吉的本能心理了。当然，文化心理也有惯性作用，语言迷信（崇拜）心理长期的积习成俗，使避讳也逐渐演变、沉淀为民俗文化的一部分。

表示人的缺点、弱点以及生理缺陷的字眼都是当事人不愿意看到或听到的，如朱元璋曾经削发为僧，所以他忌讳"光"、"秃"等字眼；鲁迅笔下的阿Q是癞痢头，于是就讳"秃"，继而连"光"、"亮"、"灯"、"烛"等字也忌讳起来。

"死"是人之最大不幸，也是最为忌讳的字眼，古今中外概莫能外。在言语交际中，人们总是尽量回避"死"字。《战国策·触龙说赵太后》："（左师公）对曰：'十五岁矣。虽少，愿及未填沟壑而托之。'……左师公曰：'……一旦山陵崩，长安君何以自托于赵？'"这里左师公谦称自己之死为"填沟壑"，对赵太后之死则婉言为"山陵崩"，都是古人出于对"死"字的忌讳。在汉语中，有关"死"字的避讳词非常多。《诗经·唐风》："百岁之后，归于其居。"《国语·越语下》："先人就世，不谷即位。"韦昭注："就世，终也。"《汉书·丙吉传》："君即有不讳，谁可以自代者？"《报任安书》："恐卒然不可为讳。"以上"百岁"、"就世"、"不讳"、"为讳"都是"死"的避讳语。此外，还有"就木"、"厌代'、"见背"、"不禄"、"作古"等，有的甚至还使用"千秋后"、"登暇"、"正寝"、"仙逝"等字眼，表达了人们避凶求吉的心理。

疾病是凶恶之物，人们总是忌讳生病，《韩非子·喻老》就有蔡桓公"讳疾忌医"的故事，人们在交往中也以直接称说疾病为不雅。《逸周书》："维王不豫，于五日召周公旦。"朱右曾校释："天子有疾称不豫。""采薪之忧"，自称有病的婉辞，意谓有病不能采薪，《孟子·公孙丑下》："有采薪之忧，不能造朝。""不平"，身体不适，实指生病，《汉书·王嘉传》："今圣体久不平，此臣嘉所内惧也。""河鱼之疾"，河鱼腐烂，先从腹内开始，故以婉称腹泻，五代王定保《唐披言·海叙不遇》："中和末，豫章大乱，岩杰苦河鱼之疾，寓于逆旅。"鲁迅的小说《药》中，华大妈的儿子得了痨病，于是"华大妈听到'痨病'这两个字，变了一点脸色，似乎有些不高兴"。

3. 审美心理

人们不仅在生活中有审美需求，在语言应用中也具有审美心理，即追求语言审美。人们在说话写文章时总是回避一些低级、鄙俗的词语，甚至是脏话，而使用一些文雅、好听的词语。

（1）避俗求雅。

分泌和排泄是正常的生理现象，但可能是由于既脏又臭的缘故，古往今来，各民族对人体的分泌和排泄均持厌恶回避的态度，如果直言不讳，会觉得有伤大雅。因此，人们总是创造各种避讳加以回避。如前述，先秦文献中几乎不见"屎"字，"屎"多写作"矢"，汉代的字书如《说文解字》等均没有收录"屎"字。《汉书·韦贤传》："玄成深知其非贤雅意，即阳为病狂，卧便利。"师古注："便利，大小便。""溲"通"瀡"，表污水义，因以婉指排便。《国语·晋语四》："少溲于豕牢。"韦昭注："溲，便也。""更衣"，换衣服，婉指上厕所，《史记·魏其武安侯列传》："坐乃起更衣，稍稍去。""出恭"，旧时科举考试，考生不得随便出入，场内设有"出恭入敬"牌，考生如要大便，须先领此牌。后因以"出恭"婉指大便。《儒林外史》："太公夜里要出恭，从前没人服侍，就要忍到天亮。"

重义轻利是中国传统文化的特征之一。孔子曰："君子喻于义，小人喻于利。"因此，古人把钱当成俗物而不愿直言。尤其是文人，自视清高，更不愿因提到"钱"字而沾上"铜臭味"。古时有个叫王夷甫的人，从不提"钱"字，遇"钱"字便以

"阿堵物"代称。《世说新语》载:"王夷甫推尚玄远,常嫉其妇贪浊,口未尝言'钱'字。妇欲试之,令婢以钱绕床,不得行。夷甫晨起,见钱阂行,呼婢曰:'举却阿堵物。'""阿堵",意即"这个",六朝口语,"阿堵物",即"这个东西",后用以婉称钱。宋代张耒《和无咎》诗:"爱酒苦无阿堵物,寻春奈有主人家。""孔方",铜钱外圆,内有方孔,故以"孔方"婉指钱。《颜氏家训》:"言食则糊口,道钱则孔方。"古人送人钱财,或是获取酬劳,都讳言"钱"字。"献芹",古时有人自以为老芹蒿好吃,向乡豪极力推荐,反遭乡豪讥笑。后以"献芹"为所送财礼的雅称,含所献菲薄,不足当意之义。杜甫《槐叶冷淘》诗:"献芹则小小,荐藻明区区。""润笔",语出《隋书·郑译传》:"上令内史令李德林立作诏书,高颎戏谓译曰:'笔干。'译答曰:'出为方岳,杖策言归,不得一钱,何以润笔。'"后因以"润笔"、"润毫"婉称请人作诗文书画的酬劳。宋代张端义《贵耳集》:"立以文房玩好之物尽归之,预储六千缗而润毫。"

(2)避亵求雅。

在汉民族的传统文化中,含蓄、内向、保守重要特征。在"性"方面,人们更是含蓄羞涩,谈"性"色变。对于表现性器官和性关系的词语,历来是讳莫如深,羞于启齿,认为此类词语低级下流、不登大雅之堂。因此,人们创造了大量有关性方面的避讳词,以避亵求雅。在古代,女子的小脚被认为是性感部位,因而产生了诸如"金莲"、"寸金"、"玉笋"、"莲瓣"、"香钩"、

"玉弓"、"玉钩"等避讳词。《水浒传》第九十九回："凌波步处寸金流，桃腮映带翠眉修。"杜牧《咏袜》诗："钿尺裁量减四分，纤纤玉笋裹轻云。"《聊斋志异·绩女》："隐约画帘前，三寸凌波玉笋尖。"人们讳言人体生殖器，就用"隐处"、"下体"、"私处"等来婉指。《聊斋志异·巧娘》："又未几，启衾入，摇生，迄不动，女便下探隐处。"贾谊《论时政疏》中以"帷薄不修"来代替两性淫乱关系。"襄王梦"原自战国时楚国宋玉的《高唐赋》："楚襄王游高唐，梦见巫山神女，与之欢会。"后以"襄王梦"婉指男女欢合之事。《桃花扇·栖真》："前缘不断，巫峡恨浓，连床且话襄王梦。""鄂君翠被"，传说春秋楚王母弟鄂君子晳乘舟，操舟越女以歌声表达对其爱慕之情，鄂君子晳用绣被覆盖越女，得以交欢尽意，后因以"鄂君翠被"婉指男女欢爱，如袁枚《到清江再呈》诗："卓氏酒垆三月断，鄂君翠被十年违。"

4. 憎恶心理

人的情感好恶也会体现在避讳上。出于对某人或某物的厌恶憎恨心理而讳言、讳用其名的，这是恶讳。如前文所举，唐肃宗憎恶安禄山，就改易了当时带"安"字的郡县名。清代钱林《文献征存录》记载：清代有一个叫理鄳和的人，本来姓李，因为憎恨明末农民军首领李自成，遂耻于和他同姓，于是就改成"理"姓。五代吴国主姓杨名行密，因越国与吴国交恶，越国遂憎恨其姓，又因为"阳"、"杨"谐音，越国就把境内带"阳"字的郡县名都改了，如把富阳县改为"富春县"，暨阳县改为"诸暨县"，松阳县改为"长松县"。

（二）避忌心理的嬗变：权力话语

避讳不仅是心理现象，而且还是一种社会现象。中国人固有的名讳心理因为有了权力和礼制而变得更加嚣张和登峰造极。封建王权政治和宗法制度渗透在语言禁忌中，使语言避讳蒙上了政治和礼制的色彩。"权力总是社会规范的叙述者，权力通过语言来叙述，并把'他'的权力写进语言，将'他'的好恶写进语言，把'他'的秩序写进语言。"（王燕《宗教及性詈语的文化阐释》）因此，汉字、汉语所蕴含的大量语言信息和文化信息就会被统治者加以利用，从而发展成避讳，这时避讳就演变成一种权力话语，是权力和权威的重要组成部分。

古代称谓词体现了森严的等级秩序。同样是死，不同人的死称谓不同，如《礼记·曲礼》："天子死曰崩，诸侯死曰薨，大夫死曰卒，士死曰不禄，庶人曰死。"专指皇帝死的避讳还有"驾崩"、"山陵崩"、"弃群臣"、"宫车晏驾"等。《唐书·百官志》："凡丧，二品以上称薨，五品以上称卒，自六品达于庶人称死。""朕"本义为"我"，无论高低贵贱，均可使用，但自秦始皇二十六年（公元前220年）以后，规定"朕"为至尊之称，非帝王者必须讳言；甚至帝王的自我谦称也有专用词，如"寡人"等。

以宗法色彩浓厚和君主专制高度发达为主要特征的中国传统社会政治结构，是古代敬讳得以愈演愈烈的温床。名讳在西周已有，但那时只是在人死之后，出于对鬼神的尊敬，才避死人名讳，至于活人之名则无须为其避讳。若父母尚在，则避死去的祖父母讳，若父母已不在世，就只避父母的名讳，连祖父母之名也无须避讳。先秦时还有"礼不避嫌名"（《礼记·曲礼上》）。对于二字之名，先秦时也只需避免二字连用，无须每字避讳，即所谓"二名不偏讳"（《礼记·曲礼上》）。先秦时人们写诗作文不必避讳，即《礼记·曲礼上》所言："诗书不讳，临文不讳。"但秦汉以降，随着封建集权统治的加强和封建礼制的渐趋森严，避讳也逐渐严格，活着的君主或尊长之名必须避讳，写成的文字也须避讳。三国以后，避嫌名之风渐起。到了唐代，二字之名也须避"偏讳"。明清时期，有些皇帝还大兴文字之狱，一旦犯讳，统治者可以生杀予夺。语言是多功能的，如何理解，可谓见仁见智，但统治者可以曲解语义或强为之解，关键是其掌握了话语权。拥有话语权，就意味着掌握表述思想、传达意志的权力。文字狱把这种权力话语发挥到了极致。

名讳也体现了极大的权力话语。名讳可分为国讳（含庙讳）、官讳、家讳、圣讳等多种。国讳就是皇帝及其宗族名字之讳。封建王权至高无上，凡与当时皇帝及其宗族之名相同或谐音的，都须避讳。甚至在自唐至清的历朝法律中，对于哪些须避讳，犯了讳如何处罚，都有明确的条文加以规定。《唐律疏议》卷十《职制篇》："诸上书若奏事，误犯宗庙讳者，杖十八；口误及余文书误犯者，笞五十；即为名字触犯者，徒三年。"清朝法律规定："（犯讳者）举人罚停会试三科，进士罚停殿试三科，生员罚停乡试三科。虽经缺笔，仍各罚停一科。"可见，避讳已经沦为维护封建专制和权威的工具。

上行下效，名讳也自上而下，很多地方官吏也大兴避讳之风，即所谓的官讳。如前文所举"只许州官放火，不许百姓点灯"的例子。汉末会稽太守王氏名朗，《经史避名汇考》载："（朗）问功曹虞翻以会稽人士，翻举近时孝子句章、董黯等数十人，皆称其名，惟河内太守上虞魏少英称字。以少英名朗，与府主同，故避之也。"

家讳又叫私讳，是古人（尤其是文人士大夫）及其父祖的名讳。中国人重礼，为尊者讳，一般称人以字，如直斥尊长者或圣人之名被视为不敬。但封建时代的家讳早已超出"礼"的范围了。中国古代社会家国同构，封建宗法制度统治整个社会，而宗法制度的本质就是家族制度的政治化，所谓国有王法，家有家法。这种家长制提倡"君君、臣臣、父父、子子"，上下尊卑、长幼有序。与这种伦理观念相联系，造就了封建时代家讳特别发达。唐尚书韦有翼，先人名乐，《经史避名汇考》卷三载："韦有翼尚书有重名，平生不饮酒，不务欢笑，为家讳'乐'故也。"《茶余客话》卷六："鄂西林相公名拜，其子孙写刺，止用'顿首'，不写'拜'字。"甚至避家讳也被写进了法律，如晋代规定："父祖与官职同名，皆得改选。"（《晋书·江统传》）《唐律·职制篇》规定："诸府号、官称犯祖父名，而冒同居之者，徒一年。"疏义云："府有正号，官有称名。府号者，假若父名卫，不得于诸卫任官；或祖名安，不得任长安县职之类。官称者，或父名军，不得作将军；或祖名卿，不得居卿任之类。皆须自言，不得辄受。"

汉武帝后，儒家思想成为统治阶级的正统思想，孔子、孟子等也被尊为圣人。为圣者讳，宋代为避孔丘名讳，遇到"丘"字读作"某"，将龚丘县改为"龚县"。清代为避孔子的名讳，专造"邱"字替代姓氏中的"丘"字。《桥石杂记》："雍正三年，奉上谕，孔子圣讳，理应回避，今九卿会议，九卿议以凡系姓氏，俱加'阝'为'邱'字。"自称为"道君皇帝"的宋徽宗信奉道教，因此，老子的名字在宋代也在避讳之列。

为帝王者讳，为尊长者讳，为官者讳，为圣者讳，它们在本质上如出一辙，即是在汉民族名讳心理的基础上，由封建专制集权和宗法制度所催生出的一种权力话语。

（三）避讳的语言学本质：适应交际需要

语言是人类最重要的交际工具，语言因人们的交际而出现、而存在、而发展。于根元先生就指出："语言存在于交际之中，交际之外无语言。交际是语言发展变化的动力和目的……交际是决定语言现象的根本条件。"

1. 委婉语是人际交往的需要

如上所述，忌讳是普遍存在的心理现象。适应这样的心理特点，人们在交际中只有考虑对方的民俗心理、求吉心理、审美心理、憎恨心理以及心理承受能力，把话说得含蓄、委婉、得体，才能不伤大雅，不伤情面，完成正常的人际交往。因此，委婉语作为协调人际关系的一种手段，在交际中具有积极的意义，能促进人际交往。

中华民族是礼仪之邦，儒家思想讲求中庸之道，反映在人际关系方面，讲究谦和有礼、雍容恭顺、平和温良。在称谓方面，交际中如果直呼其名为不敬。《颜氏家训·风操》："名以正体，字以表德。"《礼记》注："字所以相尊也。"因为"字以表德"，所以称人以字，表示尊敬。古代尊辈对卑辈称名，卑辈对尊辈只能称字，平辈之间亦称字，自称只能以名。在自称和对称时，其特点是，自称的委婉语总是往卑贱的方面称说，而对称的委婉语总是向高贵的方面称说。自称的如"鄙人"（粗鄙之人）、"卑职"（卑微之职）、"不才"（无才之人）、"不馁"（即不才）、"在下"（尊者上座，我自然下座）、"老朽"（老人自称）、"末学"（文人谦辞）等；对称的如"尊驾"（对方之车马）、"阁下"（呼其阁下侍从而告之）、"卿"（对方尊称）、"台下"（对方敬辞）、"足下"（对方尊称）等。

委婉语的交际功能在古代外交辞令中表现得尤为突出。《左传·僖公二十六年》："公使展喜犒师，使受命于展禽，齐侯未人境，展喜从之，曰：'寡君闻君亲举玉趾，将辱于敝邑，使下臣犒执事。'"明明是齐国"侵略"鲁国，鲁国使节展喜却说成是"君亲举玉趾辱于敝邑"，意即"您大驾于我国受委屈"，展喜婉转其辞，正话反说，化解了对方的敌意，为最终劝说"齐师乃还"打下了基础。《左传·僖公十五年》："寡人之从晋军而西也，亦晋之妖梦是践，岂敢以至?"寡人（秦君）本来西征俘虏了晋惠公，却说成"从晋军而西"，掩盖了"俘虏"二字，既表达了秦君的谦恭，又照顾了晋惠公作为国君的脸面。《左传·宣公三年》："定王使王孙满劳楚子。楚子问鼎之大小、轻重焉。对曰：'在德不在鼎。……周德虽衰，天命未改。鼎之轻重，未可问也。'"鼎为王权象征之物，楚子问鼎，其觊觎周室的野心昭然若揭。王孙满以"鼎之轻重，未可问也"作答，义正词严而又委婉地表达了对楚国的责备和警告，暗示楚国问鼎有违"天命"。

2. 敬讳语也是语言禁忌适应语言交际本质的产物

敬讳是权力话语，要求语言禁忌，回避语言中的一些词汇，因此，敬讳中的语言禁忌是言语中的消极现象，是人际交往的障碍。而语言的本质是交际，在交际中又需要这些词汇，这样，言语交际和语言禁忌之间就产生了矛盾。敬讳的替代语就成了解决这一矛盾的手段。但是，用于避讳的词也是语言的一部分，无论是另造词还是"换一种说法"，其本身都属于语言修辞现象，是语言内部为适应交际而进行调整的一种机制。因此，从语用学的角度来看，敬讳语实质上是适应语言禁忌而积极运用言语修辞进行表达的一种交际方式。

语言是一种社会现象，其使用者必然要受制于社会文化心理因素；语言又是交际工具，交际工具的本质决定了言语替代行为，即避讳的必然出现。所以，避讳是社会文化、心理因素和语用因素综合作用的产物。但当避讳和交际的矛盾不可调和时，避讳必须向交际妥协。《孟子·尽心下》中即有"讳名不讳姓"的规定，如果讳姓，会给交际带来混乱。大的事物，常见的事物，都不用来命名，因为这类事物经常使用，一旦有讳，会给语言交际带来麻烦。《礼记·曲礼上》："名字者，不以国，不以日月，不以山川，不以隐疾，不以畜牲，不以器币。"郑玄注："此在常语之中，为后难讳也。"汉平帝刘衎，初名箕子。《汉书·平帝纪》载："（元始二年）诏曰：'皇帝二名，通于器物，今更名，合于古制。'"于是改名为"衎"。"衎"字罕用，便于避讳；"箕子"为常用器物，则易犯而难避。《左传·桓公六年》："周人以讳事神。名，终将讳之。故以国则废名，以官则废职，以山川则废主，以畜牲则废祀，以器币则废礼。晋以僖侯废司徒，宋以武公废司空，先君献、武废二山，是以大物不可以命。"汉代 3 个皇帝的名字由双名改为单名，以及汉晋期间盛行的单名现象，也都是为了减少人们犯讳的概率，从而更好地运用于语言进行交际。

　　避讳是心理现象，又是社会现象；避讳是语言现象，是语言的社会变体，又是历史文化现象，其间又渗透了民族文化的内涵和精神。因此，要学习、研究避讳，就需要进行心理学、社会语言学、民俗学、文化学等诸多人文学科的多维观照。

九、问渠清如许，为有活水来
——查检避讳字和学习避讳的著作

（一）查检避讳字的工具书

1. 《历代避讳字汇典》

《历代避讳字汇典》，王彦坤编著，中华书局 2009 年版。

避讳现象充斥于各种文史典籍，作为文史学习或研究者，要学会熟练查找皇帝、诸王、后妃等名讳，以及他们的祖讳、家讳等，这样，在文史阅读和考证时才能熟练运用讳字规律。但是，要查找历代避讳字，长期以来，一直没有很好的工具书可资利用。王彦坤先生所编著《历代避讳字汇典》（1999 年初版，2009年修订）是迄今为止汇录历代避讳字材料最为丰赡的工具书，填补了当代相关辞书的空白。

《历代避讳字汇典》有以下特点：

（1）搜罗广博，材料翔实。全书征引古今图籍约 530 种，所收避讳材料上至先秦，下逮民国；以敬讳材料为主，兼及忌讳、憎讳材料；以史料为主，却又并不完全排除非史材料；公讳、私讳兼收，正讳、偏讳、嫌名并录；共收历代避讳字（词）1 043个，依朝代及避讳对象不同分立 1 402 条，涉及历代因避讳而产生或窜改之人名、地名、书名、职官名等 1 万余个。

（2）体例严谨，条分缕析。全书依据各朝或各人的避讳本字设立条目，按汉语拼音字母顺序编排；条目下汇录历代避讳史实，其有一字而数朝或多人共讳的，则按时代先后分（一）、（二）、（三）……予以撰述；一条中凡属一朝或一人之讳，避讳史实按照先正讳后嫌名的原则，同时根据所用避讳方式进行编排，以便读者从整体上把握避讳情况。为使各条目下避讳材料条分缕析，以〔省阙〕、〔代字〕、〔辞官〕等标出避讳方法或形式；有关触犯名讳的材料，以及某些作者认为错误或可疑的材料，则用〔触犯〕、〔疑误〕或〔存疑〕标出；又以〈姓氏〉、〈人名〉、〈县名〉、〈篇籍〉等标示避讳行为所关涉之方面或范畴。

（3）略加按语，述而有作。作者根据需要，在一些条目后略加按语，或指出其避讳事实在避讳史上的位置，或评价前人议论之得失，或说明诸如讳、代字间音义关系、禁忌因由等。

如"简"字条之（三）：

宋理宗朝参知政事蔡抗，祖讳简。〔改称〕〈谥号〉《宋史·蔡抗传》云："蔡抗字仲节，处士元定之孙。……卒，谥文简，以犯祖讳，更谥文肃。"

彦按："文简"犯祖讳更谥"文肃"，则犯讳在一"简"字。然据《宋史·儒林传四》，抗祖名元定，字季通，谥文节；曾祖名发（字神与——见《中国人名大辞典》），号牧堂老人；父名沉，字仲默，皆不称"简"。盖"祖讳"之"祖"非特指祖父而是泛称先世，或者所载有误也。（《历代避讳字汇典》2009 年修订本，第138 页）

宋理宗朝参知政事蔡抗，祖讳简，本谥文简，因犯祖讳，更谥文肃，作者又列《宋史》作书证，一般的编撰者都到此为止，但王先生发现"蔡抗祖讳简"史书未见记载，便加了按语，提出了两种可能：或非特指祖父而是泛称先世，或所载有误，体现了作者实事求是的谨严态度。

（4）注重资料，查检方便。《历代避讳字汇典》注重工具书的资料性和检索性，引用材料一律注明出处。正文之前又有以音序法排列的《讳字目录》，正文条目也按照拼音字母音序编排；书后并附以书中所涉全部避讳字（包括正讳和嫌名），避讳代用字，因避讳而产生或窜改的人名、地名、书名、职官名等专有名词作为检索对象的《四角号码综合索引》；书末还附有全书讳字的《拼音检字表》。因此，读者可从多个角度，通过多条渠道十分方便快捷地查到所需的避讳内容。

2. 《史讳辞典》

《史讳辞典》，王建编著，上海古籍出版社 2011 年版。

《史讳辞典》是关于中国历史人物的避讳名辞典，可以查检中国历朝人名避讳字。该辞典以历史人物的避讳名或避讳字为立项字头，以避讳词为词条，共 4 120 项，全部按汉语音序排列。释义中只指出其本字或本词，并指出避讳原因，不作和避讳无关的解释，但对本字、本词、原因三者皆相同而容易产生困惑的则略加说明。辞典对于有争议的避讳用例，也一并收录供读者参考。《史讳辞典》涉及中国历史上 48 个朝代的避讳对象人 424 个，避讳对象字 711 个（包含嫌名字）。书后附有部首索引、部首笔画检字和四角号码索引。辞典所列条目清晰，材料丰富，论证严谨，是一部便于检索的避讳学工具书。

书后附有日本爱知大学教授中岛敏夫为《史讳辞典》所编的索引。该索引由 4 个部分组成：甲编是按朝代排序的本名与避讳名一览表，乙编是按拼音排序的本名与避讳名一览表，丙编是按拼音排序的避讳对象人名一览表，丁编是按拼音排序的避讳对象字一览表。该索引非常详尽，可以从多个角度查检避讳字，非常方便。

3. 《中国历史地名避讳考》

《中国历史地名避讳考》，李德清著，华东师范大学出版社 2002 年版。

《中国历史地名避讳考》是一部收录因避讳而改易历史地名的专业工具书，利用该书可以查检地名避讳字。全书收录周秦至清末的与地名避讳有关的内容 800 条，按笔画顺序编排，书末附有四角号码编排的索引，查检方便。《中国历史地名避讳考》材料丰富，凡见于正史、地理总志、方志、游记、河渠、水利专书以及有关诗词歌赋中的地名避讳材料，不管其正确与否，作者尽可能地予以辑录；该书材料翔实可靠，均注明出处；对有分歧的地名避讳材料，作者或有考证判断，或存其诸说，阙疑不妄，以待知者。该书还积极吸收了其他关于地名避讳的研究成果。

（二）学习避讳的重要著作

1.《史讳举例》

《史讳举例》，陈垣著，中华书局 1964、2004 年版。

《史讳举例》是现代避讳学的开山，又是传统避讳学的终结之作，是学习、研究中国避讳学的最重要参考书。全书约 9 万字，材料丰富，引用经史子集和金石材料等各类文献达 140 余种，条分缕析，考证缜密。该书以史为主，略仿俞樾《古书疑义举例》之体例，考论避讳例八十二类，共八卷。

第一卷讲避讳所用之法。《史讳举例》将避讳方法概括为 4 类：①避讳改字；②避讳空字；③避讳缺笔；④避讳改音。

第二卷讲避讳之种类。《史讳举例》将史讳归纳为 17 类：

①避讳改姓；②避讳改名；③避讳辞官；④避讳改官名；⑤避讳改地名；⑥避讳改干支名；⑦避讳改经传文字；⑧避讳改常用语；⑨避讳改诸名号；⑩避讳改物名；⑪文人避家讳；⑫外戚讳例；⑬宋辽金夏相互避讳；⑭宋金避孔子讳；⑮宋禁人名寓意僭窃；⑯清初书籍避"胡虏夷狄"字；⑰恶意避讳。

第三卷讲避讳改史实。主要有 7 类：①避讳改前人姓；②避讳改前人名；③避讳改前人谥号；④避讳改前代官名；⑤避讳改前代地名；⑥避讳改前代书名；⑦避讳改前朝年号。

第四卷讲因避讳而生讹异。主要有 14 类：①因避讳改字而致误；②因避讳缺笔而致误；③因避讳改字而原义不明；④因避讳空字而误作他人；⑤因避讳空字后人连写遂出现脱字；⑥讳字旁注本字而混入正文；⑦因避讳使一人二史异名；⑧因避讳使一人一史前后异名；⑨因避讳导致一人数名；⑩因避讳使二人误为一人或一人误为二人；⑪因避讳使一地误为二地或二地误为一地；⑫因避讳使一书误为二书；⑬避讳改前代官名而遗却本名；⑭避讳改前代地名而遗却本名。

第五卷讲避讳学应注意之事项。《史讳举例》列举了 11 类应注意的问题：①避嫌名；②二名偏讳；③已祧不讳；④已废不讳；⑤翌代仍讳；⑥数朝同讳；⑦旧讳新讳；⑧前史避讳之文后史沿袭未改；⑨避讳不尽或后人回改；⑩避讳经后人回改未尽；⑪南北朝父子不嫌同名。

第六卷讲不讲避讳学之贻误。主要讲 7 类贻误：①不知为避讳而致疑；②不知为避讳而致误；③不知为避讳而妄改前代官名；④不知为避讳而妄改前代地名；⑤非避讳而以为避讳；⑥已避讳而以为未避讳；⑦以为避讳回改而致误。

第七卷讲避讳学之利用。主要讲了 11 个方面的利用：①因讳否不画一知有后人增改；②因讳否不画一知有小注误入正文；③因讳否不画一知有他书补入；④因讳否不画一知书有补版；⑤因避讳断定时代；⑥因避讳断定二人为一人；⑦因犯讳断定讹谬；⑧因犯讳知有衍文脱文；⑨因犯讳或避讳断为伪撰；⑩据避讳推定而讹误；⑪避讳存古义古音。

第八卷讲历朝讳例。主要列举秦汉至清等 11 个历史时期的讳例。

陈氏对避讳学的贡献在于：

第一，明确了什么是"避讳"和"避讳学"。陈氏在序言中给避讳下了定义："民国以前，凡文字上不得直书当代君主或所尊之名，必须用其他方法以避之，是之谓避讳。"对避讳学的定义是："研究避讳而能应用之于校勘学及考古学者，谓之避讳学。避讳学亦史学中一辅助学科也。"可见，《史讳举例》的学科意识非常明显，其编撰目的就是："意欲为避讳史作一总结束，而使考史者多一门路一钥匙也。"（《史讳举例·序》）

第二，概述了避讳的历史。陈氏认为："避讳为中国特有之风俗，其俗起于周，成于秦，盛于唐宋，其历史垂二千年。"他考证了历代讳例，勾勒了秦汉至南北朝的避讳演变轨迹，总结了唐、五代、宋、辽、金、元、明、清历代避讳的特点。

第三，揭示了避讳学的应用。陈氏主张将避讳知识用于文史考证，认为："不讲避讳学，不足以读中国之史也。"他揭示避讳的方法、种类、避讳对文史研究的影响，避讳学的注意事项，不讲避讳学的贻误，根本目的在于避讳学的运用。卷七"避讳学之利用"总结了 11 条，包括了以下 4 个方面：一是利用避讳考证人物；二是利用避讳考年代；三是利用避讳辨典籍真伪；四是利用避讳校勘古籍。

可见，《史讳举例》第一次初步建立了现代避讳学的学科体系，标志着现代避讳学的形成。胡适曾在《读陈垣〈史讳举例〉论汉讳诸条后记》中指出："陈先生此书，一面是结避讳制度的总账，一面又是把避讳学做成史学的新工具。"杨树达也在《积微居小学金石论丛》中说："自有此书，而避讳之学卓然成为史学中之一专科，允为不祧之名著。"

2.《经史避名汇考》

《经史避名汇考》，周广业撰，台湾明文书局 1986 年版、北京图书馆出版社 1999 年版。

周广业，雍正八年（公元 1730 年）生，嘉庆三年（公元 1798 年）卒。周氏用三十余年搜集周秦以降的历代避讳史料，成《经史避名汇考》46 卷，共 50 余万字，分"原名"、"序例"、"帝王"等 16 大门类：

原名二卷：据《礼记》等书述历代命名之制，分命名、同名、二名、改名、字以敬名、小名小字、别字别号、自名、不名称字或并字不称、斥名、某以代名、谥以尊名 12 则。

序例一卷：分讳名、生称讳、书讳、前朝讳、家讳、内讳（即妇女讳）6 则。

帝王二十卷：周附西周、东周一卷，秦、楚附陈一卷，汉附吕后一卷，汉附叛逆新、更始一卷，后汉附仲家袁氏、董卓一卷，季汉附魏、吴一卷，晋一卷，东晋附叛逆楚一卷，十六国一卷，宋、齐、梁、后凉附叛逆汉、陈一卷，魏、西魏、东魏、北齐、后周、隋附许、郑、夏、梁一卷，唐一卷，唐附周一卷，唐附燕、汉、齐、越一卷，梁、唐、晋、汉一卷，周附十国一卷，宋一卷，宋附楚、齐一卷，南宋一卷，辽、金、元附宋、天完、汉、夏、周一卷，明附大顺、大西一卷。帝王门各朝代下首列得国经过及先世事迹。于每帝下记名、谥名、陵地、葬地。

宫掖二卷：记后妃之有讳事可考者。

储副一卷：小序所谓"惟前星方曜而短夭、废黜，及追册赐谥诸人可考见者，具列于篇。诸侯世子，春秋时间有不名者，并附载之"。

藩封二卷：记诸王名字及受封经过，因避王名而臣民改名字等事。

戚畹一卷：记外戚专权，臣民因之改名等事。

官僚四卷：记诸大臣不直称名等事。

宦寺一卷：记太监等不名事。

亲属五卷：记历代臣民之家讳事。

师友二卷：记尊师亲友而不名诸事。

道释一卷：记二教讳事。

闺阁一卷：小序所谓"今于后妃公主之外，汇朝野所有，系之终篇，补彤管所未详，作捆中之余话焉"。

神祠一卷：小序所谓"至于功德在民，祀为贵神，本不应斥名，书传所载，触犯绝少，约举见例而已"。

远服一卷：小序曰："王会首列秽良，夷乐兼陈株禁，是知外内殊域，尊亲义一：以故单于人觑，优以不名；林邑将亡，讥其无别。每览历朝史例，具详属国姓名，今撮举之，将并欢于阑阁，岂难解夫楼罗。遐荒教俗，即此可观焉。"

杂讳一卷：包括列代避忌，士庶避忌，阴阳避忌，方俗避忌，物类避忌等五门。

《经史避名汇考》以经史为纲，以诸子百家为条目，避讳材料见于经史者虽微必录，诚为避讳资料之渊薮。今人王彦坤编著《历代避讳字汇典》、王建编著《史讳辞典》等书，受其沾溉良多。《经史避名汇考》内容丰富，考证精当，其中的史料和专题论述（一代讳例的总结、讳例的分析和考证等），是构成避讳学不可或缺的基本素材或要件。

《经史避名汇考》集避讳史料之大成，是所有避讳之学的研习者都必须重视的参考书和工具书。如果再编入一个详尽的讳字索引，并补上清代讳例和太平天国避讳，其实用价值就更高了。

3.《中国古代避讳史》

《中国古代避讳史》，王建著，贵州人民出版社 2002 年版。

《中国古代避讳史》是第一部以中国避讳为主要内容的通史性专著。该书以中国古代史上的敬讳为主要内容，详细叙述了敬讳在中国的起源、演变以及先秦、秦汉、南北朝、隋唐五代、宋辽金元、明清等各个朝代避讳的特点，穿插了大量的避讳案例，知识性、学术性兼顾，而且行文流畅，可读性强。

4.《汉语语讳学》

《汉语语讳学》，陈北郊著，山西人民出版社 1991 年版。

所谓语讳，就是语言文字中的避讳。如前述，普通避讳学包括语讳学、史讳学等。《汉语语讳学》首次提出语讳学的概念、性质和任务，并说明了其研究价值、方法和方向。

《汉语语讳学》从汉语词汇学的角度，以语讳原因、语讳类型和语讳结构为主要内容，对普遍存在的古今历时和共时的大量语讳现象，进行综合、分析、归纳，初步搭建了汉语语讳学的学科框架。

5.《避讳学》

《避讳学》，范志新著，台湾学生书局 2006 年版。

　　《避讳学》是人名避讳学的专著。作者将周氏《经史避名汇考》的资料和陈氏《史讳举例》的理论相结合，试图避周氏理论之短和陈氏材料、形式的缺憾，建立全新的避讳学体系。该书介绍了避讳学的基本原理，包括它的起源、类型、性质、方法和通则诸内容；兼重避讳学的应用，如讳字的鉴定以及运用避讳原理，考证辨析文史疑滞、校勘文字、鉴定版本、古义古音的研究等。其中《文献导读》部分，以及附录《历代避讳论著论文索引》对研习者也有裨益。

（三）避讳学要籍一览

1. 避讳学研究专著一览

朝代	作者	研究专著	朝代	作者	研究专著
东汉	应劭	《旧君讳议》二卷（佚）	东汉	张昭	《宜为旧君讳论》（佚）
晋	陈寿	《释讳》（佚）	唐	无名氏	《讳行略》（佚）
宋	宋敏求	《讳行后录》五卷（佚）	宋	李椿撰	《中兴登科小录》《姓类》（佚）
清	宋余怀	《帝讳考略》	清	周榘	《廿二史讳略》
	陆费墀	《历代帝王庙谥年讳谱》		黄本骥	《避讳录》
	刘锡信	《历代讳名考》		周广业	《经史避名汇考》

（续上表）

朝代	作者	研究专著	朝代	作者	研究专著
民国	陈垣	《史讳举例》、《旧五代史辑本发覆》、《薛史辑本避讳例》	民国	柴连复	《说讳》
				张惟骧	《历代讳字谱》、《家讳考》
现代	沈锡伦	《语言文字的避讳禁忌与委婉表现》	现代	王建	《中国古代避讳史》、《史讳辞典》
	吴良祚	《太平天国避讳研究》		王彦坤	《历代避讳字汇典》、《名趣录·名讳》
	李德清	《中国历史地名避讳考》		王新华	《避讳研究》
	范志新	《避讳学》		汪受宽	《谥法研究》
	李中生	《中国语言避讳习俗》		陈北郊	《汉语语讳学》
	林伦伦	《中国言语禁忌和避讳》		娄华荣	《讳缺号研究》
	窦怀永	《敦煌文献避讳研究》		［日］穗积陈重	《实名敬避俗研究》
	［日］中邮久四郎	《支那历代避讳通考》		周源	《宋代避讳制度研究》（硕士论文）
	王晓岩	《中国避讳》		王强	《中国人的忌讳》

2. 含有避讳专题的著作一览（部分）

朝代	作者	含有避讳专题的著作	朝代	作者	含有避讳专题的著作
东汉	应劭	《风俗通·讳篇》（佚）	北齐	颜之推	《颜氏家训·风操》
宋	吕祖谦	《古文关键》	宋	彭叔夏	《文苑英华辨证》
宋	洪迈	《容斋随笔》	宋	王楙	《野客丛书》
宋	王观国	《学林·名讳》	宋	吴曾	《能改斋漫录》
宋	周密	《齐东野语》	宋	岳珂	《愧郯录》
明	沈德符	《万历野获编·避讳》	清	梁章钜	《浪迹丛谈·避家讳》
清	顾炎武	《日知录》	清	王鸣盛	《十七史商榷》
清	王昶	《金石萃编》	清	赵翼	《陔余丛考》《廿二史札记》
清	钱大昕	《十驾斋养新录》、《廿二史考异》、《潜研堂文集》	清	俞正燮	《癸巳存稿》
清	凌扬藻	《蠡勺编》	清	尤侗	《艮斋杂说》
清	王敬之	《王宽甫全集》	清	张之洞	《輶轩语》
清	周寿昌	《思益堂日札》	民国	陈垣	《通鉴胡注表微·避讳篇》

附　录

一、历代国讳避讳用字一览表

朝代	帝号	国姓	讳字	代字（讳例）	讳字和代字关系
周	晋僖侯	姬	司徒	司徒改为中军	
	宋武公	姬	司空	司空改为司城	
秦	秦始皇	嬴	正（政）	端（正月改为端月）	同义
	父庄襄王	嬴	子楚	荆（楚改为荆、郢）	相关
	秦二世	嬴	胡亥	夷（讳胡为夷）	相类
西汉	高祖	刘	邦	国（邦家改为国家）	近义
	高后	吕	雉	野鸡	同义
	惠帝	刘	盈	满	同义
	文帝	刘	恒	常（恒山改为常山）	同义
	景帝	刘	启	开（微子启改为微子开）	同义
	武帝	刘	彻	通（删彻改为删通）	近义
	昭帝	刘	弗（初名弗陵）	不（夏夫弗忌改为夏夫不忌）	同义
	宣帝	刘	询（初名病已）	谋	近义
	元帝	刘	奭	盛（奭氏改为盛氏）	同义
	成帝	刘	骜	俊	同义
	哀帝	刘	欣	喜	同义
	平帝	刘	衎（初名箕子）	乐	同义

（续上表）

朝代	帝号	国姓	讳字	代字（讳例）	讳字和代字关系
东汉	光武帝	刘	秀	茂（秀才改为茂才）	同义
	叔父赵王	刘	良	寿良县改为寿张县	
	明帝	刘	庄	严（庄安改为严安）	近义
	章帝	刘	烜	著	近义
	和帝	刘	肇	始	同义
	殇帝	刘	隆	盛（伏隆改为伏盛）	同义
	安帝	刘	祜	福、贺	同义
	父清河孝王	刘	庆	贺（庆氏改为贺氏）	近义
	顺帝	刘	保	守	同义
	冲帝	刘	炳	明	同义
	质帝	刘	缵	继	同义
	桓帝	刘	志	意	同义
	灵帝	刘	宏	大	同义
	献帝	刘	协	合	同义
魏	武帝	曹	操	捉	近义
	文王	曹	丕		
	明帝	曹	睿		
	齐王	曹	芳	芳林园改为华林园	近义
	高贵乡公	曹	髦		
	陈留王	曹	奂		
蜀	先祖	刘	备		
	后主	刘	禅		

（续上表）

朝代	帝号	国姓	讳字	代字（讳例）	讳字和代字关系
吴	大帝	孙	权		
	太子	孙	和	禾兴县改为嘉兴	相关
	废帝	孙	亮		
	景帝	孙	休	休阳县改为海阳	
	归命侯	孙	皓宗	孟宗改名孟仁	相关
西晋	宣帝	司马	懿	益或壹（张懿改为张益）	同音
	景帝	司马	师	帅 宰（太师改为太宰）	形近 相关
	文帝	司马	昭	明（昭君改为明君）	近义
	武帝	司马	炎	孙炎改为孙叔然	
	惠帝	司马	衷		
	怀帝	司马	炽		
	愍帝	司马	邺	建业改为建康	
东晋	元帝	司马	睿	锐（任叡改为任锐） 明（任叡改为任明）	同音 同义
	明帝	司马	绍	承、继	同义
	成帝	司马	衍	王衍以字夷甫行	名字相因
	康帝	司马	岳	岳、岱、崇	同义
	穆帝	司马	聃		
	哀帝	司马	丕		
	海西公（废帝）	司马	奕		

（续上表）

朝代	帝号	国姓	讳字	代字（讳例）	讳字和代字关系
东晋	简文帝	司马	昱		
	太后		阿春	阳（春秋改为阳秋）	近义
	孝武帝	司马	曜		
	安帝	司马	德宗		
	恭帝	司马	德文		
南朝宋	宋武帝	刘	裕	张裕以字茂度行	名字相因
	少帝	刘	义符		
	文帝	刘	义隆		
	孝武帝	刘	骏		
	前废帝	刘	子业		
	明帝	刘	彧		
	后废帝	刘	昱		
	顺帝	刘	准	平准令改染署令	
齐	高帝	萧	道成	景（萧道先改名萧景先）	
	武帝	萧	赜		
	郁林王	萧	昭业		
	海陵王	萧	昭文		
	明帝	萧	鸾		
	东昏侯	萧	宝卷		
	和帝	萧	宝融	王融以字元长行	名字相因
梁	武帝	萧	衍	延、羡（邹衍作邹羡）	音近
	武帝父	萧	顺之	从（宋顺帝作宋从帝）	同义
	简文帝	萧	纲		
	元帝	萧	绎		
	敬帝	萧	方智		

（续上表）

朝代	帝号	国姓	讳字	代字（讳例）	讳字和代字关系
陈	高祖	陈	霸先		
	世祖	陈	蒨		
	废帝	陈	伯宗		
	宣帝	陈	顼		
	后主	陈	叔宝	鲍叔叡作鲍僧叡	
北魏	道武帝	拓拔	珪	封（嫌名下邽改为夏封）	形似
	明元帝	拓跋	嗣		
	太武帝	拓拔	焘		
	文成帝	拓拔	濬		
	文成帝父	拓拔	晃	光	音近
	献文帝	拓拔	弘	洪	同音
	孝文帝	元	宏	容、横	音近
	宣武帝	元	恪	慕容恪以玄恭行	名字相因
	孝明帝	元	诩	羽（魏诩改名羽）	拆字
	孝庄帝	元	子攸		
	前废帝	元	恭		
	后废帝	元	朗		
	出帝	元	脩		
东魏	孝静帝	元	善见		
西魏	文帝	元	宝炬		
	废帝	元	钦		
	恭皇帝	元	廓		

（续上表）

朝代	帝号	国姓	讳字	代字（讳例）	讳字和代字关系
北齐	神武帝	高	欢	欣、忻（张欢改名张忻）	近义
	六世祖	高	隐	赵隐以字彦深行	名字相因
	五世祖	高	庆	敬（显庆改显敬）	音近
	高祖	高	泰	太	同音
	高祖父	高	树生	殊（县名树颓作殊颓）	音近
	文襄帝	高	澄		
	文宣帝	高	洋		
	废帝	高	殷	殷州改为赵州	
	孝昭帝	高	演		
	武成帝	高	湛		
	后主	高	纬		
	幼主	高	恒		
北周	文帝	宇文	泰	太（萧泰改作萧太）	同音
	孝闵帝	宇文	觉		
	明帝	宇文	毓		
	武帝	宇文	邕	道邕以字道和行	名字相因
	宣帝	宇文	赟		
	静帝	宇文	阐		
隋	高祖	杨	坚	贤（叔坚改叔贤） 固（坚垒改作固垒）	音近 近义
	祖父	杨	祯	李孝贞以字元操行	名字相因
	父亲	杨	忠	内（中书改为内史）	近义
	炀帝	杨	广	大、博（广川县改长河，广雅改博雅）	近义
	恭帝	杨	侑		

（续上表）

朝代	帝号	国姓	讳字	代字（讳例）	讳字和代字关系
唐	高祖	李	渊	泉 深	音近 近义
	祖父	李	虎	兽 武	近义 音近
	父	李	昺	景	音近
	太子	李	建成	建成县改名高安县	
	太宗	李	世民	代、人	近义
	高宗	李	治	理	近义
	太子	李	忠	内（嫌名中改内）	近义
	太子	李	弘	恒、崇 昭	音近 近义
	太子	李	贤	文	相关
	武后	武	曌	照改昭	音近
	中宗	李	显	明	近义
	睿宗	李	旦	明、晓	近义
	玄宗	李	隆基	隆改崇、基改其	音近
	肃宗	李	亨	通	近义
	代宗	李	豫	豫州改蔡州	相关
	德宗	李	适	括州改处州、括苍县改丽水	相关
	顺宗	李	诵	嫌名讼改为竞	近义
	宪宗	李	纯 （初名淳）	淳州改睦州、董纯改董和	
	穆宗	李	恒	恒州改镇州	相关
	敬宗	李	湛	郑茂谌改名茂林	音近
	文宗	李	昂	韦昂以字千里行	名字相因

（续上表）

朝代	帝号	国姓	讳字	代字（讳例）	讳字和代字关系
唐	武宗	李	炎	贾炎改名嵩	
	宣宗	李	忱（初名怡）	嫌名谌改为损	音近
	懿宗	李	漼（初名温）	嫌名璀改省	
	僖宗	李	儇		
	昭宗	李	晔	日华	析字
	哀帝	李	祝	嫌名枳改筆	音近
后梁	太祖	朱	晃（温全忠）	号钟改为大圣铜	相关
	曾祖	朱	茂琳	茂州改汶州、慕化县改归化	
	祖父	朱	信	信都县改尧都	
	父	朱	诚	城隍改墙隍	近义
	末帝	朱	瑱		
后唐	庄宗	李（唐赐）	存勖		
	祖父	李	国昌	延昌县改延唐、义昌县改义彰	音近
	父	李	克用		
	明宗	李	亶（初名嗣源）	杨檀被赐名光远	
	曾祖	李	敖	郑遨以字云叟行	名字相因
	闵帝	李	从厚		
	末帝	李	从珂		

（续上表）

朝代		帝号	国姓	讳字	代字（讳例）	讳字和代字关系
后晋		高祖	石	敬瑭	竟陵改景陵、唐姓改陶敬氏改姓文或姓苟	音近拆字
		父	石	绍雍	雍丘县改杞县	
		少帝	石	重贵		
后汉		高祖	刘	暠（原名知远）	折从远改名从阮赵远以字上交行	音近名字相因
		隐帝	刘	承佑（祐）		
后周		太祖	郭	威	张彦威改名彦成李洪威改名洪义	形似近义
		高祖	郭	璟	南唐李璟改名景	拆字
		父	郭	简	孙方简改名方谏	音近
		世宗	柴	荣	李荣改名筠	
		恭帝	柴	宗训	向训改名拱、张从训改名崇祐	
十国	吴	吴武帝	杨	行密	改荇溪作菱溪	音近
		父	杨	怤	御史大夫改为大宪	
	后蜀	高祖	孟	知祥	子祥改名子评	形似
		祖父	孟	察		
		父	孟	道		
	吴越	武肃王	钱	镠	刘履详改姓金	拆字
		文穆王	钱	元瓘		
		忠献王	钱	弘佐	嫌名左改上	近义
	闽	太祖	王	审知	嫌名沈改尤	拆字

（续上表）

朝代	帝号	国姓	讳字	代字（讳例）	讳字和代字关系
北宋	太祖	赵	匡胤	匡改正、纠 匡改光、康	近义 近音
	始祖	赵	玄朗	玄改元 朗改明	近音 近义
	高祖	赵	朓	朓改为眺	近音
	曾祖	赵	珽	珽缺笔	
	祖	赵	敬	敬改恭、严；镜改鉴、照 敬改钦、景	近义 近音
	父	赵	弘殷	弘改洪 殷改商	同音 相关
	太宗	赵	炅（初名匡义、光义）	义改宜、毅 义改信	音近 近义
	真宗	赵	恒	恒改常	近义
	仁宗	赵	祯	祯改真，贞改正	音近
	英宗	赵	曙	曙改晓、旭，树改木	近义
	父濮王	赵	允让	让改逊	近义
	神宗	赵	顼	顼改玉 勖改勉	拆字 近义
	哲宗	赵	煦	刘煦以字耀远行	名字相因
	徽宗	赵	佶	包佶以字幼正行	名字相因
	钦宗	赵	桓	桓改亘 桓改威	拆字 音近

（续上表）

朝代	帝号	国姓	讳字	代字（讳例）	讳字和代字关系
南宋	高宗	赵	构	勾改为干	近音
	孝宗	赵	赵昚	慎改为谨 慎改为真	近义音近、拆字
	父安僖王	赵	子偁		
	光宗	赵	惇	惇改崇 惇改孝	近音近义
	宁宗	赵	扩	扩改广	近义
	理宗	赵	昀（初名贵诚）	李诚以字伯玉行	名字相因
	度宗	赵	禥		
	恭帝	赵	㬎		
	端宗	赵	昰		
辽	太祖	耶律	亿	丁亿更名意	同音
	太宗	耶律	德光	范延光改为范延广	音近
	世宗	耶律	阮		
	穆宗	耶律	璟（明）	明缺笔	
	景宗	耶律	贤	贤改恭	相关
	圣宗	耶律	隆绪		
	兴宗	耶律	宗真	女真改女直 宗改崇	形似音近、拆字
	道宗	耶律	洪基	基改本	近义
	天祚帝	耶律	延禧	改年号重熙为重和 改姚景禧名景行	近义近音

（续上表）

朝代	帝号	国姓	讳字	代字（讳例）	讳字和代字关系
金	太祖	完颜	旻	岷州改为西河州	
	太宗	完颜	晟		
	熙宗	完颜	亶		
	父徽宗	完颜	宗峻	浚改通	近义
	海陵王	完颜	亮		
	太子	完颜	光英	英改仁	音近
	世宗	完颜	雍	雍改和	近义
	父睿宗	完颜	宗尧	宗改崇	音近
	章宗	完颜	璟	景州改观州	
	父显宗	完颜	允恭	允改永 恭改敬	音近 近义
	卫绍王	完颜	允济	改永兴为德兴，永济为丰润	
	宣宗	完颜	珣	改郇国为管国	
	太子	完颜	守忠	忠改信	近义
	哀宗	完颜	守绪	贾守谦改名益谦	
元代不讳					
明	太祖	朱	元璋	璋改彰	同音
	惠帝	朱	允炆		
	成祖	朱	棣	改沧州无棣为庆云	
	仁宗	朱	高炽	冯智安被赐改名敏	
	宣宗	朱	瞻基	基改綦	近音
	英宗	朱	祁镇	镇改填	形似
	代宗	朱	祁钰		

（续上表）

朝代	帝号	国姓	讳字	代字（讳例）	讳字和代字关系
明	宪宗	朱	见深		
	孝宗	朱	祐樘		
	武宗	朱	厚照	照改炤	近音
	世宗	朱	厚熜	张璁改名孚敬	
	穆宗	朱	载垕		
	神宗	朱	翊钧	钧州改禹州	
	光宗	朱	常洛	常改尝、洛改雒	同音
	熹宗	朱	由校	校改较	近音
	毅宗	朱	由检	检改简	近音
清	世祖	爱新觉罗	福临	（清初不避讳）	
	圣祖	爱新觉罗	玄烨	元代玄、煜代烨	近音
	世宗	爱新觉罗	胤禛	胤改允，禛改正	近音
	高宗	爱新觉罗	弘历	弘改宏，曆改歷	同音
	太子	爱新觉罗	永琏	琏改连	同音
	仁宗	爱新觉罗	颙琰	琰改俭	近音
	宣宗	爱新觉罗	旻宁	宁改甯	同音、异体
	文宗	爱新觉罗	奕□		
	穆宗	爱新觉罗	载淳	淳改湻	同音
	德宗	爱新觉罗	载湉		
	末帝	爱新觉罗	溥仪	掌仪改为掌礼	近义

二、中国历代帝王谥号、姓名、庙号、年号一览表

起止时间	谥号 （朝代）	帝王姓名	庙号	年号
约公元前 26 世纪—公元前 21 世纪	三 皇（伏羲、神 农、黄帝）五帝（少昊、颛顼、帝 喾、尧、舜）			
		黄帝		
		颛顼		
		帝喾		
		尧		
		舜		
约公元前 22 世纪—前 17 世纪	夏朝			
		禹		
		启		
		太康		
		仲康		
		相		
		少康		
		杼		
		槐		
		芒		

（续上表）

起止时间	谥号 （朝代）	帝王姓名	庙号	年号
		泄		
		不降		
		扃		
		廑		
		孔甲		
		皋		
		发		
		桀		
公元前17世纪— 公元前11世纪	商朝			
		汤		
		外丙		
		仲壬		
		太甲		
		沃丁		
		太康		
		小甲		
		雍己		
		太戊		
		仲丁		
		外壬		
		河亶甲		
		祖乙		
		祖辛		

（续上表）

起止时间	谥号 （朝代）	帝王姓名	庙号	年号
		沃甲		
		祖丁		
		南庚		
		阳甲		
		盘庚		
		小辛		
		小乙		
		武丁		
		祖庚		
		祖甲		
		廪辛		
		康丁		
		武乙		
		太丁		
		帝乙		
		纣		
公元前11世纪— 公元前256年	周朝			
公元前11世纪— 公元前771年	西周			
	文王	姬昌		
	武王	姬发		
	成王	姬诵		
	康王	姬钊		

（续上表）

起止时间	谥号（朝代）	帝王姓名	庙号	年号
	昭王	姬瑕		
	穆王	姬满		
	共王	姬繄扈		
	懿王	姬囏		
	孝王	姬辟方		
	夷王	姬燮		
	厉王	姬胡		
公元前841—公元前828年		共和		
公元前827—公元前782年	宣王	姬静		
公元前781年—公元前771年	幽王	姬宫涅		
公元前770—公元前256年	东周			
公元前770年—公元前720年	平王	姬宜臼		
公元前719年—公元前697年	桓王	姬林		
公元前696年—公元前682年	庄王	姬佗		
公元前681年—公元前677年	釐王	姬胡齐		
公元前676年—公元前652年	惠王	姬阆		

（续上表）

起止时间	谥号 （朝代）	帝王姓名	庙号	年号
公元前 651 年— 公元前 619 年	襄王	姬郑		
公元前 618 年— 公元前 612 年	顷王	姬壬臣		
公元前 612 年— 公元前 607 年	匡王	姬班		
公元前 606 年— 公元前 586 年	定王	姬瑜		
公元前 586 年— 公元前 572 年	简王	姬夷		
公元前 571 年— 公元前 545 年	灵王	姬泄心		
公元前 544 年— 公元前 520 年	景王	姬贵		
公元前 520 年— 公元前 520 年	悼王	姬猛		
公元前 520 年— 公元前 476 年	敬王	姬匄		
公元前 476 年— 公元前 469 年	元王	姬仁		
公元前 469 年— 公元前 441 年	贞定王	姬介		
公元前 441 年— 公元前 441 年	哀王	姬去疾		

（续上表）

起止时间	谥号 （朝代）	帝王姓名	庙号	年号
公元前 441 年— 公元前 440 年	思王	姬叔		
公元前 440 年— 公元前 426 年	考王	姬嵬		
公元前 426 年— 公元前 402 年	威烈王	姬午		
公元前 402 年— 公元前 376 年	安王	姬骄		
公元前 376 年— 公元前 369 年	烈王	姬喜		
公元前 369 年— 公元前 321 年	显王	姬扁		
公元前 321 年— 公元前 315 年	慎靓王	姬定		
公元前 315 年— 公元前 256 年	赧王	姬延		
公元前 306 年— 公元前 221 年	秦国			
公元前 306 年— 公元前 251 年	昭襄王	嬴则		
公元前 251 年— 公元前 249 年	孝文王	嬴柱		
公元前 249 年— 公元前 247 年	庄襄王	嬴子楚		

（续上表）

起止时间	谥号 （朝代）	帝王姓名	庙号	年号
公元前 247 年— 公元前 221 年	秦王	嬴政		
公元前 221 年— 公元前 206 年	秦朝			
公元前 221 年— 公元前 210 年	始皇帝	嬴政		
公元前 210 年— 公元前 206 年	二世皇帝	嬴胡亥		
公元前 206 年— 公元前 206 年	三世皇帝	嬴子婴		
公元前 206 年— 公元 220 年	汉朝			
公元前 206 年— 公元 25 年	西汉			
公元前 206 年— 公元前 195 年	高皇帝	刘邦	太祖	
公元前 195 年— 公元前 188 年	孝惠皇帝	刘盈		
公元前 188 年— 公元前 180 年	高皇后	吕雉		
公元前 180 年— 公元前 157 年	孝文皇帝	刘恒	太宗	
公元前 157 年— 公元前 140 年	孝景皇帝	刘启		

（续上表）

起止时间	谥号（朝代）	帝王姓名	庙号	年号
公元前 140 年—公元前 87 年	孝武皇帝	刘彻	世宗	建元、元光、元朔、元狩、元鼎、元封、太初、天汉、太始、征和、后元
公元前 87 年—公元前 74 年	孝昭皇帝	刘弗陵		始元、元凤、元平
公元前 74 年—公元前 49 年	孝宣皇帝	刘询	中宗	本始、地节、元康、神爵、五凤、甘露、黄龙
公元前 49 年—公元前 33 年	孝元皇帝	刘奭		初元、永光、建昭、竟宁
公元前 33 年—公元前 7 年	孝成皇帝	刘骜		建始、河平、阳朔、鸿嘉、永始、元延、绥和
公元前 7 年—公元前 1 年	哀皇帝	刘欣		建平、元寿
公元前 1 年—公元 5 年	平皇帝	刘衎		元始
公元 6 年—公元 8 年	孺子婴	王莽		（摄政）居摄、初始
公元 9 年—公元 23 年	新朝	王莽		始建国、天凤、地皇

（续上表）

起止时间	谥号（朝代）	帝王姓名	庙号	年号
公元 23 年—公元 25 年	更始皇帝	刘玄		更始
公元 25 年—公元 220 年	东汉			
公元 25 年—公元 57 年	孝光武皇帝	刘秀	世祖	建武、建武中元
公元 58 年—公元 75 年	孝明皇帝	刘庄	显宗	永平
公元 76 年—公元 88 年	孝章皇帝	刘炟	肃宗	建初、元和、章和
公元 89 年—公元 105 年	孝和皇帝	刘肇	穆宗	永元、元兴
公元 106 年—公元 107 年	殇皇帝	刘隆		延平
公元 107 年—公元 125 年	孝安皇帝	刘祜	恭宗	永初、元初、永宁、建光、延光
公元 126 年—公元 144 年	孝顺皇帝	刘保	敬宗	永建、阳嘉、永和、汉安、建康
公元 145 年—公元 146 年	冲皇帝	刘炳		永嘉
公元 146 年—公元 147 年	质皇帝	刘缵		本初

（续上表）

起止时间	谥号 （朝代）	帝王姓名	庙号	年号
公元 147 年— 公元 167 年	孝桓皇帝	刘志	威宗	建和、和平、元嘉、永兴、永寿、延熹、永康
公元 168 年— 公元 189 年	孝灵皇帝	刘宏		建宁、熹平、光和、中平
公元 189 年— 公元 189 年	少皇帝	刘辩		光熹、昭宁
公元 189 年— 公元 220 年	献皇帝	刘协		初平、兴平、建安、延康
公元 220 年— 公元 280 年	三国			
公元 220 年— 公元 265 年	北魏			
公元 220 年— 公元 226 年	文皇帝	曹丕	高祖	黄初
公元 226 年— 公元 239 年	明皇帝	曹叡	烈祖	太和、青龙、景初
公元 239 年— 公元 254 年	齐王	曹芳		正始、嘉平
公元 254 年— 公元 260 年	高贵乡公	曹髦		正元、甘露
公元 260 年— 公元 265 年	元皇帝	曹奂		景元、咸熙
公元 221 年— 公元 263 年	西蜀			

（续上表）

起止时间	谥号 （朝代）	帝王姓名	庙号	年号
公元 221 年— 公元 223 年	昭烈皇帝	刘备		章武
公元 223 年— 公元 263 年	后主	刘禅		建兴、延熙、 景耀、炎兴
公元 229 年— 公元 280 年	东吴			
公元 229 年— 公元 252 年	大皇帝	孙权		黄武、黄龙、 嘉禾、赤乌、 太元、神凤
公元 252 年— 公元 258 年	会稽王	孙亮		建兴、五凤、 太平
公元 258 年— 公元 264 年	景皇帝	孙休		永安
公元 264 年— 公元 280 年	乌程侯	孙皓		元兴、甘露、 宝鼎、建衡、 凤凰、天册、 天玺、天纪
公元 265 年— 公元 420 年	晋朝			
公元 265 年— 公元 317 年	西晋			
公元 265 年— 公元 290 年	武皇帝	司马炎	世祖	泰始、咸宁、 太康、太熙
公元 290 年— 公元 306 年	孝惠皇帝	司马衷		永熙、永平、 元康、永康、 永宁、太安、 永安、建武、 永安、永兴、 光熙

（续上表）

起止时间	谥号 （朝代）	帝王姓名	庙号	年号
公元 306 年— 公元 313 年	怀皇帝	司马炽		永嘉
公元 313 年— 公元 317 年	愍皇帝	司马邺		建兴
公元 317 年— 公元 420 年	东晋			
公元 317 年— 公元 322 年	元皇帝	司马睿	中宗	建武、大兴、永昌
公元 322 年— 公元 325 年	明皇帝	司马绍	肃宗	永昌、太宁
公元 325 年— 公元 342 年	成皇帝	司马衍	显宗	太宁、咸和、咸康
公元 342 年— 公元 344 年	康皇帝	司马岳		建元
公元 344 年— 公元 361 年	穆皇帝	司马聃	孝宗	永和、升平
公元 361 年— 公元 365 年	哀皇帝	司马丕		隆和、兴宁
公元 365 年— 公元 371 年	废皇帝	司马奕		太和
公元 371 年— 公元 372 年	简文皇帝	司马昱	太宗	咸安
公元 372 年— 公元 396 年	孝武皇帝	司马曜		宁康、太元

（续上表）

起止时间	谥号 （朝代）	帝王姓名	庙号	年号
公元 396 年— 公元 418 年	安皇帝	司马德宗		隆安、元兴、义熙
公元 418 年— 公元 420 年	恭皇帝	司马德文		元熙
公元 420 年— 公元 589 年	南北朝			
公元 420 年— 公元 589 年	南朝			
公元 420 年— 公元 479 年	宋朝			
公元 420 年— 公元 422 年	武皇帝	刘裕	高祖	永初
公元 422 年— 公元 424 年	少皇帝	刘义符		景平
公元 424 年— 公元 453 年	文皇帝	刘义隆	太祖	元嘉
公元 453 年— 公元 464 年	孝武皇帝	刘骏	世祖	孝建、大明
公元 464 年— 公元 465 年	前废皇帝	刘子业		永光、景和
公元 465 年— 公元 472 年	明皇帝	刘彧	太宗	泰始、泰豫
公元 472 年— 公元 477 年	后废皇帝	刘昱		元徽

（续上表）

起止时间	谥号 （朝代）	帝王姓名	庙号	年号
公元 477 年— 公元 479 年	顺皇帝	刘準		升明
公元 479 年— 公元 502 年	齐朝			
公元 479 年— 公元 482 年	高皇帝	萧道成	太祖	建元
公元 482 年— 公元 492 年	武皇帝	萧赜	世祖	永明
公元 492 年— 公元 494 年	鬱林王	萧昭业		隆昌
公元 494 年— 公元 494 年	海陵王	萧昭文		延兴
公元 494 年— 公元 498 年	明皇帝	萧鸾		建武、永泰
公元 498 年— 公元 501 年	东昏候	萧宝卷		永元
公元 501 年— 公元 502 年	和皇帝	萧宝融		中兴
公元 502 年— 公元 557 年	梁朝			
公元 502 年— 公元 549 年	武皇帝	萧衍	高祖	天监、普通、大通、中大通、大同、中大同、太清

（续上表）

起止时间	谥号（朝代）	帝王姓名	庙号	年号
公元 549 年—公元 551 年	简文皇帝	萧纲	太宗	大宝
公元 551 年—公元 552 年	豫章王	萧栋		天正
公元 552 年—公元 555 年	孝元皇帝	萧绎	世祖	承圣
公元 555 年—公元 557 年	孝敬皇帝	萧方智		绍泰、太平
公元 557 年—公元 589 年	陈朝			
公元 557 年—公元 559 年	武皇帝	陈霸先	高祖	永定
公元 559 年—公元 566 年	文皇帝	陈蒨	世祖	天嘉、天康
公元 566 年—公元 568 年	废皇帝	陈伯宗		光大
公元 568 年—公元 582 年	孝宣皇帝	陈顼	高宗	太建
公元 582 年—公元 589 年	炀公	陈叔宝		至德、祯明
公元 386 年—公元 581 年	北朝			
公元 386 年—公元 534 年	北魏			

（续上表）

起止时间	谥号 （朝代）	帝王姓名	庙号	年号
公元 386 年— 公元 409 年	道武皇帝	拓跋珪	太祖	登国、皇始、天兴、天赐
公元 409 年— 公元 423 年	明元皇帝	拓跋嗣	太宗	永兴、神瑞、泰常
公元 423 年— 公元 452 年	太武皇帝	拓跋焘	世祖	始光、神□、延和、太延、太平真君、正平
公元 452 年— 公元 452 年	南安王	拓跋余		承平
公元 452 年— 公元 465 年	文成皇帝	拓跋濬	高宗	兴安、兴光、太安、和平
公元 465 年— 公元 471 年	献文皇帝	拓跋弘	显祖	天安、皇兴
公元 471 年— 公元 499 年	孝文皇帝	元宏	高祖	延兴、承明、太和
公元 499 年— 公元 515 年	宣武皇帝	元恪	世宗	景明、正始、永平、延昌
公元 515 年— 公元 528 年	孝明皇帝	元诩	肃宗	熙平、神龟、正光、孝昌、武泰
公元 528 年— 公元 530 年	孝庄皇帝	元子攸	敬宗	建义、永安
公元 530 年— 公元 531 年	长广王	元晔		建明

（续上表）

起止时间	谥号（朝代）	帝王姓名	庙号	年号
公元 531 年—公元 532 年	节闵皇帝	元恭		普泰
公元 532 年—公元 532 年	安定王	元朗		中兴
公元 532 年—公元 534 年	孝武皇帝	元脩		太昌、永兴、永熙
公元 534 年—公元 550 年	东魏			
公元 534 年—公元 550 年	孝静皇帝	元善见		天平、元象、兴和、武定
公元 550 年—公元 577 年	北齐			
公元 550 年—公元 559 年	文宣皇帝	高洋	显祖	天保
公元 559 年—公元 560 年	废皇帝	高殷		乾明
公元 560 年—公元 561 年	孝昭皇帝	高演		皇建
公元 561 年—公元 565 年	武成皇帝	高湛	世祖	太宁、河清
公元 565 年—公元 576 年		高纬	后主	天统、武平、隆化
公元 576 年—公元 577 年		高恒	幼主	承光

（续上表）

起止时间	谥号（朝代）	帝王姓名	庙号	年号
公元535年—公元556年	西魏			
公元535年—公元551年	文皇帝	元宝炬		大统
公元551年—公元554年	废皇帝	元钦		大统
公元554年—公元556年	恭皇帝	元廓		大统
公元557年—公元581年	北周			
公元557年—公元557年	孝闵皇帝	宇文觉		
公元557年—公元560年	明皇帝	宇文毓		武成
公元560年—公元578年		宇文邕		保定、天和、建德、宣政
公元578年—公元580年	宣皇帝	宇文赟		大成
公元580年—公元581年	静皇帝	宇文阐		大象、大定
公元581年—公元618年	隋朝			
公元581年—公元604年	文皇帝	杨坚	高祖	开皇、仁寿

（续上表）

起止时间	谥号 （朝代）	帝王姓名	庙号	年号
公元 604 年— 公元 618 年	炀皇帝	杨广		大业
公元 617 年— 公元 618 年	恭皇帝	杨侑		义宁
公元 618 年— 公元 619 年	越王	杨侗		皇泰
公元 618 年— 公元 907 年	唐朝			
公元 618 年— 公元 626 年	神尧大 圣大光 孝皇帝	李渊	高祖	武德
公元 626 年— 公元 649 年	文武大 圣大光 孝皇帝	李世民	太宗	贞观
公元 649 年— 公元 683 年	天皇大 圣大弘 孝皇帝	李治	高宗	永徽、显庆、 龙朔、麟德、 乾封、总章、 咸亨、上元、 仪凤、调露、 永隆、开耀、 永淳、弘道
公元 683 年— 公元 684 年	太和圣昭 孝皇帝	李显	中宗	嗣圣
公元 684 年— 公元 690 年	玄真大圣大 兴孝皇帝	李旦	睿宗	文明

（续上表）

起止时间	谥号 （朝代）	帝王姓名	庙号	年号
公元690年— 公元705年	圣神皇帝	武曌	大周	光宅、垂拱、永昌、载初、天授、如意、长寿、延载、证圣、天册万岁、万岁登封、万岁通天、神功、圣历、久视、大足、长安
公元705年— 公元710年	大和圣昭孝皇帝	李显	中宗	神龙、景龙
公元710年— 公元710年		李重茂	殇宗	唐龙
公元710年— 公元712年	玄真大圣大兴孝皇帝	李旦	睿宗	景云、太极、延和
公元712年— 公元756年	至道大圣大明孝皇帝	李隆基	玄宗	先天、开元、天宝
公元756年— 公元762年	文明武德大圣大宣孝皇帝	李亨	肃宗	至德、乾元、上元
公元762年— 公元779年	睿文孝武皇帝	李豫	代宗	宝应、广德、永泰、大历
公元779年— 公元805年	神武孝文皇帝	李适	德宗	建中、兴元、贞元
公元805年— 公元805年	至德大圣大安孝皇帝	李诵	顺宗	永贞

（续上表）

起止时间	谥号 （朝代）	帝王姓名	庙号	年号
公元805年— 公元820年	圣神章武 孝皇帝	李纯	宪宗	元和
公元820年— 公元824年	睿圣文惠 孝皇帝	李恒	穆宗	长庆
公元824年— 公元826年	睿武昭愍 孝皇帝	李湛	敬宗	宝历
公元826年— 公元840年	元圣昭献 孝皇帝	李昂	文宗	宝历、太和、 开成
公元840年— 公元846年	至道昭肃 孝皇帝	李炎	武宗	会昌
公元846年— 公元859年	圣武献文 孝皇帝	李忱	宣宗	大中
公元859年— 公元873年	昭圣恭惠 孝皇帝	李漼	懿宗	大中、咸通
公元873年— 公元888年	惠圣恭定 孝皇帝	李儇	僖宗	咸通、乾符、 广明
公元888年— 公元904年	圣穆景文 孝皇帝	李晔	昭宗	龙纪、大顺、 景福、乾宁、 光化、天复、 天祐
公元904年— 公元907年	哀皇帝	李柷		天祐
公元907年— 公元960年	五代			

（续上表）

起止时间	谥号（朝代）	帝王姓名	庙号	年号
公元907年—公元923年	后梁			
公元907年—公元912年	神武元圣孝皇帝	朱温	太祖	开平、乾化
公元912年—公元913年		朱友珪		凤历
公元913年—公元923年	（末代）皇帝	朱友贞		乾化、贞明、龙德
公元923年—公元936年	后唐			
公元923年—公元926年	光圣神闵孝皇帝	李存勖	庄宗	同光
公元926年—公元933年	圣德和武钦孝皇帝	李亶	明宗	天成、长兴
公元933年—公元934年	闵皇帝	李从厚		应顺
公元934年—公元936年	（末代）皇帝	李从珂		清泰
公元936年—公元946年	后晋			
公元936年—公元942年	圣文章武明德孝皇帝	石敬瑭	高祖	天福
公元942年—公元946年	出皇帝	石重贵		天福、开运

（续上表）

起止时间	谥号 （朝代）	帝王姓名	庙号	年号
公元 947 年— 公元 950 年	后汉			
公元 947 年— 公元 948 年	睿文圣武昭 肃孝皇帝	刘知远	高祖	天福、乾祐
公元 948 年— 公元 950 年	隐皇帝	刘承祐		乾祐
公元 951 年— 公元 960 年	后周			
公元 951 年— 公元 954 年	圣神恭肃文 武孝皇帝	郭威	太祖	广顺、显德
公元 954 年— 公元 959 年	睿武孝文 皇帝	柴荣	世宗	显德
公元 959 年— 公元 960 年	恭皇帝	柴宗训		显德
公元 960 年— 公元 1279 年	宋朝			
公元 960 年— 公元 1127 年	北宋			
公元 960 年— 公元 976 年	启运立极英 武睿文神德 圣功至明大 孝皇帝	赵匡胤	太祖	建隆、乾德、 开宝
公元 976 年— 公元 997 年	神功圣德文 武皇帝	赵光义	太宗	太平兴国、 雍熙、端拱、 淳化、至道

（续上表）

起止时间	谥号（朝代）	帝王姓名	庙号	年号
公元997年—公元1022年	应符稽古神功让德文明武定章圣元孝皇帝	赵恒	真宗	咸平、景德、大中祥符、天禧、乾兴
公元1022年—公元1063年	体天法道极功全德神文圣武睿哲明孝皇帝	赵祯	仁宗	天圣、明道、景祐、宝元、康定、庆历、皇祐、至和、嘉祐
公元1063年—公元1067年	体乾应历隆功盛德宪文肃武睿圣宣孝皇帝	赵曙	英宗	治平
公元1067年—公元1085年	绍天法古运德建功英文烈武钦仁圣孝皇帝	赵顼	神宗	熙宁、元丰
公元1085年—公元1100年	宪元继道显德定功钦文睿武齐圣昭孝皇帝	赵煦	哲宗	元祐、绍圣、元符
公元1100年—公元1125年	体神合道骏烈逊功圣文仁德宪慈显孝皇帝	赵佶	徽宗	建中靖国、崇宁、大观、政和、重和、宣和
公元1125年—公元1127年	恭文顺德仁孝皇帝	赵桓	钦宗	靖康
公元1127年—公元1279年	南宋			

（续上表）

起止时间	谥号 （朝代）	帝王姓名	庙号	年号
公元 1127 年— 公元 1162 年	受命中兴全功至德圣神武文昭仁宪孝皇帝	赵构	高宗	建炎、绍兴
公元 1162 年— 公元 1189 年	绍统同道冠德昭功哲文神武明圣成孝皇帝	赵昚	孝宗	隆兴、乾道、淳熙
公元 1189 年— 公元 1194 年	循道宪仁明功茂德温文顺武圣哲慈孝皇帝	赵惇	光宗	绍熙
公元 1194 年— 公元 1224 年	法天备道纯德茂功仁文哲武圣睿恭孝皇帝	赵扩	宁宗	庆元、嘉泰、开禧、嘉定
公元 1224 年— 公元 1264 年	建道备德大功复兴烈文仁武圣明安孝皇帝	赵昀	理宗	宝庆、绍定、端平、嘉熙、淳祐、宝祐、开庆、景定
公元 1264 年— 公元 1274 年	端文明武景孝皇帝	赵禥	度宗	咸淳
公元 1274 年— 公元 1275 年	恭皇帝	赵㬎		德祐
公元 1275 年— 公元 1278 年		赵昰	端宗	景炎
公元 1278 年— 公元 1279 年	昺皇帝	赵昺		祥兴

（续上表）

起止时间	谥号 （朝代）	帝王姓名	庙号	年号
公元 907 年— 公元 1125 年	辽国			
公元 907 年— 公元 927 年	大圣大明神烈天皇帝	耶律阿保机	太祖	神册、天赞、天显
公元 927 年— 公元 947 年	孝武惠文皇帝	耶律德光	太宗	天显、会同、大同
公元 947 年— 公元 951 年	孝和庄宪皇帝	耶律阮	世宗	天禄
公元 951 年— 公元 969 年	孝安敬正皇帝	耶律璟	穆宗	应历
公元 969 年— 公元 982 年	孝成康靖皇帝	耶律贤	景宗	保宁、乾亨
公元 982 年— 公元 1031 年	文武大孝宣皇帝	耶律隆绪	圣宗	统和、开泰、太平
公元 1031 年— 公元 1055 年	神圣孝章皇帝	耶律宗真	兴宗	景福、重熙
公元 1055 年— 公元 1101 年	仁圣大孝文皇帝	耶律洪基	道宗	清宁、咸雍、太康、大安、寿昌
公元 1101 年— 公元 1125 年	天祚皇帝	耶律延禧		乾统、天庆、保大
公元 1115 年— 公元 1234 年	金国			
公元 1115 年— 公元 1123 年	太祖	完颜阿骨打	应乾兴运昭德定功仁明庄孝大圣武元皇帝	收国、天辅

（续上表）

起止时间	谥号 （朝代）	帝王姓名	庙号	年号
公元1123年— 公元1135年	体元应运世德昭功哲惠仁圣文烈皇帝	完颜晟	太宗	天会
公元1135年— 公元1149年	弘基缵武庄靖孝成皇帝	完颜亶	熙宗	天会、天眷、皇统
公元1149年— 公元1161年	海陵王	完颜亮		天德、贞元、正隆
公元1161年— 公元1189年	光天兴运文德武功圣明仁孝皇帝	完颜雍	世宗	大定
公元1189年— 公元1208年	宪天光运仁文义武神圣英孝皇帝	完颜璟	章宗	明昌、承安、泰和
公元1208年— 公元1213年	卫绍王	完颜永济		大安、崇庆、至宁
公元1213年— 公元1223年	继天兴统述道勤仁英武圣孝皇帝	完颜珣	宣宗	贞祐、兴定、元光
公元1223年— 公元1234年		完颜守绪	哀宗	正大、开兴、天兴
公元1234年— 公元1234年	末皇帝	完颜承麟		天兴
公元1032年— 公元1227年	西夏			

（续上表）

起止时间	谥号（朝代）	帝王姓名	庙号	年号
公元 1032 年—公元 1048 年		李元昊	景宗	显道、开运、广运、大庆、天授礼法延祚
公元 1048 年—公元 1067 年		李谅祚	毅宗	延嗣宁国、天祐垂圣、福圣承道、奲都、拱化
公元 1067 年—公元 1086 年		李秉常	惠宗	乾道、天赐礼盛国庆、大安、天安礼定
公元 1086 年—公元 1139 年		李乾顺	崇宗	天仪治平、天祐民安、永安、贞观、雍宁、元德、正德、大德
公元 1139 年—公元 1193 年		李仁孝	仁宗	大庆、人庆、天盛、乾祐
公元 1193 年—公元 1206 年		李纯祐	桓宗	天庆
公元 1206 年—公元 1211 年		李安全	襄宗	应天、皇建
公元 1211 年—公元 1223 年		李遵顼	神宗	光定
公元 1223 年—公元 1226 年		李德旺	献宗	乾定

（续上表）

起止时间	谥号 （朝代）	帝王姓名	庙号	年号
公元 1226 年— 公元 1227 年		李晛	末主	宝庆
公元 1206 年— 公元 1368 年	元朝			
公元 1206 年— 公元 1227 年	法天启运圣 武皇帝	孛儿只斤 铁木真	太祖	
公元 1227 年— 公元 1229 年	仁圣景襄 皇帝	孛儿只斤 拖雷	睿宗	
公元 1229 年— 公元 1241 年	英文皇帝	孛儿只斤 窝阔台	太宗	
公元 1241 年— 公元 1246 年	昭慈皇后	乃马真		
公元 1246 年— 公元 1248 年	简平皇帝	孛儿只斤 贵由	定宗	
公元 1248 年— 公元 1251 年	海迷失皇后	海迷失		
公元 1251 年— 公元 1259 年	桓肃皇帝	孛儿只斤 蒙哥	宪宗	
公元 1259 年— 公元 1294 年	圣德神功 文武皇帝	孛儿只斤 忽必烈	世祖	中统、至元
公元 1294 年— 公元 1307 年	钦明广孝 皇帝	孛儿只斤 铁穆耳	成宗	元贞、大德
公元 1307 年— 公元 1311 年	仁惠宣孝 皇帝	孛儿只斤 海山	武宗	至大

（续上表）

起止时间	谥号 （朝代）	帝王姓名	庙号	年号
公元 1311 年— 公元 1320 年	圣文钦孝 皇帝	孛儿只斤 爱育黎拔 力八达	仁宗	皇庆、延祐
公元 1320 年— 公元 1323 年	睿圣文孝 皇帝	孛儿只斤 硕德八剌	英宗	至治
公元 1323 年— 公元 1328 年	泰定皇帝	孛儿只斤也 孙铁木尔		泰定、致和
公元 1328 年— 公元 1328 年	天顺皇帝	孛儿只斤 阿速吉八		天顺
公元 1328 年— 公元 1328 年	圣明元孝 皇帝	孛儿只斤 图贴睦尔	文宗	天历
公元 1328 年— 公元 1329 年	翼献景孝 皇帝	孛儿只斤 和世瓎	明宗	至顺
公元 1329 年— 公元 1332 年	圣明元孝 皇帝	孛儿只斤 图贴睦耳	文宗	至顺
公元 1332 年— 公元 1333 年	冲圣嗣孝 皇帝	孛儿只斤 懿璘质班	宁宗	至顺
公元 1333 年— 公元 1368 年	顺皇帝	孛儿只斤妥 懽帖睦尔		至顺
公元 1368 年— 公元 1644 年	明朝			
公元 1368 年— 公元 1398 年	开天行道肇 纪立极大圣 至神仁文义 武俊德成功 高皇帝	朱元璋	太祖	洪武

（续上表）

起止时间	谥号 （朝代）	帝王姓名	庙号	年号
公元 1398 年— 公元 1402 年	恭闵惠皇帝	朱允炆		建文
公元 1402 年— 公元 1424 年	启天弘道高 明肇运圣武 神功纯仁至 孝文皇帝	朱棣	成祖	永乐
公元 1424 年— 公元 1425 年	敬天体道纯 诚至德弘文 钦武章圣达 孝昭皇帝	朱高炽	仁宗	洪熙
公元 1425 年— 公元 1435 年	宪天崇道英 明神圣钦文 昭武宽仁纯 孝章皇帝	朱瞻基	宣宗	宣德
公元 1435 年— 公元 1449 年	法天立道仁 明诚敬昭文 宪武至德广 孝睿皇帝	朱祁镇	英宗	正统
公元 1449 年— 公元 1457 年	恭仁康定景 皇帝	朱祁钰	代宗	景泰
公元 1457 年— 公元 1464 年	法天立道仁 明诚敬昭文 宪武至德广 孝睿皇帝	朱祁镇	英宗	天顺
公元 1464 年— 公元 1487 年	继天凝道诚 明仁敬崇文 肃武宏德圣 孝纯皇帝	朱见深	宪宗	成化
公元 1487 年— 公元 1505 年	建天明道诚 纯中正圣文 神武至仁大 德敬皇帝	朱祐樘	孝宗	弘治

（续上表）

起止时间	谥号 （朝代）	帝王姓名	庙号	年号
公元 1505 年— 公元 1521 年	承天达道英肃睿哲昭德显功弘文思孝毅皇帝	朱厚照	武宗	正德
公元 1521 年— 公元 1566 年	钦天履道英毅圣神宣文广武洪仁大孝肃皇帝	朱厚熜	世宗	嘉靖
公元 1566 年— 公元 1572 年	契天隆道渊懿宽仁显文光武纯德弘孝庄皇帝	朱载垕	穆宗	隆庆
公元 1572 年— 公元 1620 年	范天合道哲肃敦简光文章武安仁止孝显皇帝	朱翊钧	神宗	万历
公元 1620 年— 公元 1620 年	崇天契道英睿恭纯宪文景武渊仁懿孝贞皇帝	朱常洛	光宗	泰昌
公元 1620 年— 公元 1627 年	达天阐道敦孝笃友章文襄武靖穆庄勤悊皇帝	朱由校	熹宗	天启
公元 1627 年— 公元 1644 年	庄烈愍皇帝	朱由检	思宗	崇祯
公元 1616 年— 公元 1911 年	清朝			

（续上表）

起止时间	谥号 （朝代）	帝王姓名	庙号	年号
公元 1616 年— 公元 1626 年	承天广运圣德神功肇纪立极仁孝睿武端毅钦安弘文定业高皇帝	爱新觉罗 努尔哈赤	太祖	天命
公元 1626 年— 公元 1643 年	应天兴国弘德彰武宽温仁圣睿孝敬敏昭定隆道显功文皇帝	爱新觉罗 皇太极	太宗	天聪、崇德
公元 1643 年— 公元 1661 年	体天隆运定统建极英睿钦文显武大德弘功至仁纯孝章皇帝	爱新觉罗 福临	世祖	顺治
公元 1661 年— 公元 1722 年	合天弘运文武睿哲恭俭宽裕孝敬诚信中和功德大成仁皇帝	爱新觉罗 玄烨	圣祖	康熙
公元 1722 年— 公元 1735 年	敬天昌运建中表正文武英明宽仁信毅睿圣大孝至诚宪皇帝	爱新觉罗 胤禛	世宗	雍正
公元 1735 年— 公元 1795 年	法天隆运至诚先觉体元立极敷文奋武孝慈神圣纯皇帝	爱新觉罗 弘历	高宗	乾隆

（续上表）

起止时间	谥号 （朝代）	帝王姓名	庙号	年号
公元 1795 年— 公元 1820 年	受天兴运敷 化绥猷崇文 经武光裕孝 恭勤俭端敏 英哲睿皇帝	爱新觉罗 颙琰	仁宗	嘉庆
公元 1820 年— 公元 1850 年	效天符运立 中体正至文 圣武智勇仁 慈俭勤孝敏 宽定成皇帝	爱新觉罗 旻宁	宣宗	道光
公元 1850 年— 公元 1861 年	协天翊运执 中垂谟懋德 振武圣孝渊 恭端仁宽敏 庄俭显皇帝	爱新觉罗 奕□	文宗	咸丰
公元 1861 年— 公元 1874 年	继天开运受 中居正保大 定功圣智诚 孝信敏恭宽 明肃毅皇帝	爱新觉罗 载淳	穆宗	同治
公元 1874 年— 公元 1908 年	同天崇运大 中至正经文 纬武仁孝睿 智端俭宽勤 景皇帝	爱新觉罗 载湉	德宗	光绪
公元 1908 年— 公元 1911 年		爱新觉罗 溥仪	逊皇帝	宣统

三、避讳学文献选读（4篇）

齐东野语·避讳

（南宋）周密①

古今避讳之事，杂见诸书，今漫集数条于此，以备考览。

盖殷以前，尚质不讳名，至周始讳，然犹不尽讳。如穆王名满，定王时有王孙满之类。至秦始皇讳政，乃呼正月为征月，《史记·年表》作端月。卢生曰："不敢端言其过。"秦颁端正法度曰"端直"。皆避政字。

汉高祖讳邦，旧史以邦为国。惠帝讳盈，《史记》以万盈数作满数。文帝讳恒，以恒山为常山。景帝讳启，《史记》微子启作微子开，《汉书》启母石作开母石。武帝讳彻，以彻侯为通侯，蒯彻为蒯通。宣帝讳询，以荀卿为孙卿。元帝讳奭，以奭氏为盛氏。明帝讳庄，以老庄为老严，庄助为严助，卞庄为卞严。殇帝讳隆，以隆虑为林虑。安帝父讳庆，以庆氏为贺氏。

---

① 周密（1232—1298），字公谨，号草窗，南宋学者和文学家，祖籍济南，流寓吴兴（今浙江湖州），宋德祐间为义乌县令，入元不仕。著有《齐东野语》、《武林旧事》、《癸辛杂识》、《志雅堂要杂钞》等杂著数十种。本选文出自《齐东野语》卷四。

魏武帝讳操，以杜操为杜度。蜀后主讳宗，以孟宗为孟仁。晋景帝讳师，以师保为保傅，京师为京都。文帝讳昭，以昭穆为韶穆，昭君为明君，《三国志》韦昭为韦耀。愍帝讳业，以建业为建康。康帝讳岳，以邓岳为邓岱，山岳为山岱。齐太祖讳道成，师道渊但言师渊。梁武帝小名阿练，子孙皆呼练为白绢。隋文帝父讳忠，凡郎中皆去中字，侍中为侍内，中书为内史，殿中侍御为殿内侍御，置侍郎不置郎中，置御史大夫不置中丞，以侍书御史代之，中庐为次庐。至唐又避太子讳，亦以中郎为旅贲郎将，中书舍人为内舍人。炀帝讳广，以广乐为长乐，广陵为江都。

唐世祖讳昺，故以景字代之，如景科、景令，景子之类，是也。唐祖讳虎，凡言虎，率改为猛兽，或为武，如武贲、武林之类。李延寿作《南北史》，易石虎为石季龙，韩擒虎为韩擒。高祖讳渊，赵文渊为赵文深，渊字尽改为泉。刘渊为元海，戴渊为戴若思。太宗讳世民，《唐史》凡言世，皆曰"代"；民，皆曰"人"，如烝人，治人，生人，富人侯之类。民部曰"户部"。高宗讳治，凡言治皆曰"理"，如"至理之主，不代出者"，章怀避当时讳也。陆贽曰"与理同道罔不兴"，"胁从罔理"。韩文策问"尧、舜垂衣裳而天下理"，又"无为而理者，其舜也欤"。睿宗讳旦，张仁亶改仁愿。玄宗讳隆基，太一君基、臣基，并改为其字。隆州为阆中，隆康为普康，隆龛为崇龛，隆山郡为仁寿郡。代宗讳豫，以豫章为钟陵，苏预改名源明，以薯蓣为薯及山药。德宗讳适，改括州为处州。宪宗讳纯，淳州改为栾州，韦纯改名贯之，之纯改名处厚，王纯改名绍，陆淳改名质，柳淳改名灌，严纯改名休复，李行纯改名行谌，崔纯亮改名行范，程纯改名弘，冯纯敏改名约。穆宗讳恒，以恒山为常山。敬宗讳弘，徐弘敏改名有功。郑涵避文宗旧讳，改名浣。武宗讳炎，贾炎改名嵩。宣宗讳忱，韦谌改名损，穆谌改名仁裕。

梁太祖父烈祖名诚，遂改城曰"墙"。晋高祖讳敬塘，析敬字为文氏、苟氏，至汉乃复旧。至本朝避翼祖讳，复析为文、为苟。

本朝高宗讳构，避嫌名者，仍其字更其音者，勾涛是也；加金字，钩光祖是也；加丝字，绚纺是也；加草头者，苟谌是也；改为句字者，句思是也；增勾龙者，如渊是也；勾龙去上一字者，大渊是也。已上，皆臣下避君讳也。

吴太子讳和，以和兴为嘉兴。唐高宗太子弘，为武后所酖，追尊为孝敬帝，庙曰义宗，弘文馆改为昭文，弘农县为恒农，韦弘机但为机。李含光本姓弘，易为李，曲阿弘氏易为洪，温彦弘遂以大雅字行。晋以毗陵封东海王世子毗，以毗陵为晋陵。唐避章怀太子贤讳，改集贤为崇文馆之类，皆避太子之讳也。

吕后讳雉，《封禅书》谓"野鸡夜雊"。武后讳曌，以诏书为制书，鲍照为鲍昭。改懿德太子重照为重润，刘思照为思昭。简文郑后讳阿春，以春秋为阳秋，富春为富阳，蕲春为蕲阳。此避后讳也。

元后父讳禁，以禁中为省中。武后父讳华，以华州为太州。韦仁约避武后家讳，改名元忠。窦怀贞避韦后家讳，而以字行。刘穆之避王后家讳，以宪祖字行，后复避桓温母讳，遂称小字武生。虞茂避穆后母讳，改名预。本朝章献太后父讳通，尝改通直郎为同直郎，通州为崇州，通判为同判，通进司为承进司，通奉为中奉，通事舍人为宣事舍人。至明道间，遂复旧。此则避后家讳也。

钱王镠，以石榴为金樱，改刘氏为金氏。杨行密据扬州，州人呼蜜为蜂糖。赵避石勒讳，以罗勒为兰香。高祖父名诚，以武成王为武明王，武成县为武义县。羊祜为荆州，州人呼户曹为辞曹之类，皆避国主、诸侯讳也。

《诗》、《书》则不讳。若文王讳昌，而箕子陈《洪范》曰："使羞其行，而邦其昌。"厉王讳胡，而宣王时，《诗》曰"胡不相畏"，"胡为虺蜴"，"胡然厉矣"。《周礼》有"昌本之菹"，《诗》有"鬤发之咏"。《大诰》"弗弃基"，不讳后稷弃字。孔子父叔梁纥，而《春秋》书臧孙纥。成王讳诵，而"吉甫作诵"之句，正在其时，是也。

庙中则不讳。《周颂》祀文、武之乐歌，《雝》曰："克昌厥后。"《噫嘻》曰"骏发尔私"，是也。

临文则不讳。鲁庄公名同，而《春秋》书"同盟"。襄公名午，而书"陈侯午卒"。僖公名申，书"戊申"。定公名宋，书"宋人"、"宋仲几"。

《汉书·纪》元封诏书有"启母石"之言。《刑法志》"建三典以刑邦国"与"万邦作孚"。韦孟诗"总齐群邦"，皆不避高祖讳。

魏太祖名操，而陈思王有"造白"之句。曹志，植之子，奏议云："干植不强。"

三国吴时，有"言功以权成"，盖斥孙权之名。南史有"宁逢五虎"及"虎视"之语，则虎字亦不尽避。

韩文公潮州上表云："朝廷治平日久。"曰："政治少懈。"曰："巍巍治功。"曰："君臣相戒，以致至治。"举张行素曰："文学治行众所推。"亦不避高宗之讳。又袁州上表曰："显荣频烦。"举韦颢曰："显映班序。"柳文乐曲曰："羲和显耀乘清芬。"皆不尽避中宗之讳。韩贺即位表曰："以和万民。"亦不讳民字。如此类甚多。

胡翼之侍讲迩英日，讲乾卦"元、亨、利、贞"，上为动色，徐曰："临文不讳。"伊川讲南容三复白圭，内侍告曰："容字，上旧名也。"不听。讲毕曰："昔仁宗时，宫嫔谓正月为初月，饼之蒸者为炊，天下以为非。嫌名、旧名，请勿讳。"

邦、国有不讳者。襄王名郑，郑不改封。至于出居其国，使者告于秦、晋曰："鄙在郑地。"受晋文公朝，而郑伯郑传。汉和帝名肇，而郡有京兆是也。

嫌名则有避有不避者。韩退之辩讳："桓公名白，传有五皓之称；厉王名长，琴有修短之目。不闻谓布帛为布皓，肾肠为贤修。汉武名彻，不闻讳车辙之辙。"然《史记·天官书》"谓之车通"，此非讳车辙之辙乎？若晋康帝名岳，邓岳改名为岳，此则不讳嫌名也。

二名不偏讳。唐太宗名世民，在位日，戴胄、唐俭为民部尚书，虞世南、李世绩皆不避。至高宗时，改民部为户部，世南已卒，世绩去世字。或云："卒哭乃讳。"

避讳而易字者。按《东观汉记》云"惠帝讳盈，之字曰满；文帝讳恒，之字曰常；光武讳秀，之字曰茂"云云。盖当时避讳，改为其字，之者，变也。如卦普爻曰之也。

本朝真宗讳恒，音胡登切。若阙其下画，又犯徽宗旁讳。后遂并字不用，而易为常，正用前例也。

淮南王安，避父讳长，故《淮南》书，凡言长，悉曰修。王羲之父讳正，故每书正月为初月，或作一月，余则以政字代之。王舒除会稽内史，以祖讳会，以会稽为郐稽。司马迁以父讳谈，《史记》中，赵谈为赵同子，张孟谈为孟同。范晔父名泰，《后汉书》郭泰为郭太。李翱祖父名楚今，故为文皆以今为兹。杜甫父名闲，故杜诗无闲字。苏子瞻祖名序，故以序为叙，或改作引。曾鲁公父名会，故避之者，以勘会为勘当。蔡京父名准，改平准务为平货务。此皆士大夫自避家讳也。

《史记·李斯传》言"宦者韩谈"，则谈字不能尽避。《汉书·爰盎传》有"上益庄"之文，郑当时有"郑庄千里不赍粮"之类。此不能尽避也。

范晔为太子詹事，以父名泰，固辞，朝议不许。唐窦曾授中书舍人，以父名至忠，不受。议者以音同字别，乃就职。韦聿迁秘书郎，以父嫌名，换司议郎。柳公绰迁吏部尚书，以祖讳，换左丞。李涵父名少康，为太子少傅，吕渭劾之。本朝吕希纯，以父名公著，而辞著作郎。富郑公父名言，而不辞右正言。韩亿绛、缜，家讳保枢，皆为枢密而不避。此除官有避不避也。

至若后唐，郭崇韬父名弘，改弘文馆为崇文馆。建隆间，慕容彦钊、吴廷祚，皆拜使相。而钊父名章，廷祚父名璋，制麻中为改"同为中书门下平章事"为"二品"。绍兴中，沈守约、汤进之二丞相，父皆名举，于是改提举书局为提领。此则朝廷为臣下避家讳也。

元积以阳城驿与阳道州名同，更之曰避贤驿，且作诗以记之，白乐天和之云："荆人爱羊祜，户曹改为词，一字不忍道，况兼姓呼之。"是也。郑諴过郓州浩然亭，谓贤者名不可斥，更名孟亭。歙有任昉寺、任昉村，以任所游之地故也。虞藩为刺史日，更为任公寺、任公村。此则后人避前贤名也。

至有君臣同名者。襄王名郑，卫成公与之同时，亦名郑。卫侯讳恶，其臣有石恶。宋武帝名裕，褚叔度、王敬弘皆名裕之，谢景仁、张茂度皆名裕。宋明帝名彧，王景文亦名彧。唐玄宗名隆基，刘子玄名知几。

又有父子、祖孙同名者。周康王名钊，生子瑕是为昭王。宋明帝名彧，其子后废帝亦名昱。魏献文名弘，其子孝文名宏。声虽相近，而字犹异也。若周厉王名胡，而僖王名胡齐。蔡文侯、昭侯，相去五世，皆名中。魏安同父名屈，同之子亦名屈。襄阳有处士罗君墓志曰："君讳靖，父靖，学优不仕。"此尤为可罪也。

若桓玄，呼父温曰清，此不足责。若韩愈，不避仲卿，又何耶？

朱温之父名诚，以其类戊字，司天监上言，请改戊己之戊为武字，此全无义理。如扬都士人名审，沈氏与书，名而不姓，皆谀之者过耳。未如梁谢举闻家讳必哭，近世如赵南仲亦然，此亦不失为孝。

若唐裴德融父讳皋，高锴为礼部侍郎，典贡举。德融入试，锴曰："伊父讳皋，而某下就试，与及第，困一生事。"后除屯田员外郎，与同除一人参右丞卢简。卢先屈前一人，使驱使官传语曰："员外是何人下及第？偶有事，不得奉见。"裴仓促而去。李贺以父名晋肃，终身不赴进士举，抑又甚焉。

崔殷梦知举，吏部尚书归仁晦托弟仁泽，殷梦唯唯，至于三四。殷梦敛色端笏曰："某见进表，让此官矣。"仁晦始悟己姓乃殷梦家讳龟从故也。

后唐天成中，卢文纪为工部尚书，郎中于邺参，文纪以父名嗣业，与同音，竟不见。邺忧畏太过，一夕，雉经而死。

杨行密父名怤，与夫同音，改文散诸大夫为大卿，御史大夫为御史大卿。至有兴唐寺钟题志云："金紫光禄大，兼御史大，及银青光禄大。"

皆直去夫字，尤为可怪。

国朝刘温叟，父名乐，终身不听丝竹，不游嵩岱。徐绩父名石，平生不用石器，遇石不践，遇桥则令人负之而过。此皆避讳不近人情者也。

至如唐宪宗时，戎昱有诗名，京兆尹李鸾拟以女嫁之，令改其姓，昱辞焉。

五代有石昂者，读书好学，不求仕进。节度使符习高其行，召为临淄令。习入朝，监军杨彦朗知留后。昂以公事上谒，赞者以彦朗家讳石，遂更其姓曰右昂。昂趋于庭，责彦朗曰："内侍奈何以私害公？昂姓石，非右也。"彦朗大怒，昂即解官去。语其子曰："吾本不欲仕乱世，果为刑人所辱。"

宣和中，徐申干臣，自讳其名，知常州，一邑宰白事，言："已三状申府，未施行。"徐怒形于色，责之曰："君为县宰，岂不知长吏名，乃作意相侮。"宰亦好犯上者，即大声曰："今此事申府不报，便当申监司，否则申户部，申台，申省，申来申去，直待身死即休。"语罢，长揖而退。徐虽怒，然无以罪之。三人者，皆不肯避权贵之讳以自保其姓名。

若北齐熊安生者，将通名见徐之才、和士开。二人相对，以之才讳熊，士开讳安，乃称触触生，群公哂之。

蔡京在相位日，权势甚盛，内外官司公移皆避其名，如京东、京西并改为畿左、畿右之类。蔡门下昂避之尤谨，并禁其家人，犯者有笞责。昂尝自误及之，家人以为言，乃举手自击其口。蔡经国闻京闽音，称京为经，乃奏乞改名纯臣。此尤可笑。

绍圣间，安惇为从官，章惇为相，安见之，但称享而已。

近世方巨山名岳。或谤其为南仲丞相幕客，赵父名方，乃改姓为万。

既而又为邱山甫端明属，邱名岳，于是复改名为方山，遂止以为过焉。

　　善乎胡康侯之论曰："后世不明《春秋》之义，有以讳易人姓者，易人名者。愚者迷礼以为孝；谄者献佞以为忠。忌讳繁，名实乱，而《春秋》之法不行矣。"

史讳举例 · 序

陈垣①

　　民国以前，凡文字上不得直书当代君主或所尊之名，必须用其他方法以避之，是之谓避讳。避讳为中国特有之风俗，其俗起于周，成于秦，盛于唐宋，其历史垂二千年。其流弊足以淆乱古文书，然反而利用之，则可以解释古文书之疑滞，辨别古文书之真伪及时代，识者便焉。盖讳字各朝不同，不啻为时代之标志，前乎此或后乎此，均不能有是，是与欧洲古代之纹章相类，偶有同者，亦可以法识之。研究避讳而能应用之于校勘学及考古学者，谓之避讳学。避讳学亦史学中一辅助科学也。

　　宋时避讳之风最盛，故宋人言避讳者亦特多。洪迈《容斋随笔》、王楙《野客丛书》、王观国《学林》、周密《齐东野语》，皆有关于历朝避讳之记载。清朝史学家如顾氏《日知录》、钱氏《养新录》、赵氏《陔馀丛考》、王氏《十七史商榷》、王氏《金石萃编》等，对于避讳亦皆有特别著录之条。钱氏《廿二史考异》中，以避讳解释疑难者尤多，徒因散

---

① 陈垣（1880—1971），广东新会人，著名历史学家、教育家，主要著述有《元西域人华化考》、《校勘学释例》、《史讳举例》、《南宋河北新道教考》、《明季滇黔佛教考》、《清初僧诤记》、《中国佛教史籍概论》、《通鉴胡注表微》等。

在诸书，未能为有系统之董理。嘉庆间，海宁周广业曾费三十年之岁月，为避讳史料之搜集，著《经史避名汇考》四十六卷，可谓集避讳史料之大成矣。然其书迄未刊行，仅《蓬庐文钞》存其叙例，至为可惜。今肆上所通行专言避讳者，有陆费墀《帝王庙谥年讳谱》一卷，刊历代帝王年表末，黄本骥《避讳录》五卷、周榘《廿二史讳略》一卷，分刊《三长物斋》及《啸园丛书》中。此三书同出一源，谬误颇多，不足为典要。如开篇即谓"汉文帝名恒，改恒农曰弘农；汉和帝名肇，兼避兆、照"之类。人云亦云，并未深考。其所引证，又皆不注出典，与俗陋类书无异。其所记录，又只敷陈历代帝王名讳，未能应用之于校勘学及考古学上发人深思，所以有改作之必要也。

　　兹编所论，以史为主，体裁略仿俞氏《古书疑义举例》，故名曰《史讳举例》。为例八十有二，为卷八：第一避讳所用之方法；第二避讳之种类；第三避讳改史实；第四因避讳而生之讹异；第五避讳学应注意之事项；第六不讲避讳学之贻误；第七避讳学之利用；第八历朝讳例，凡八万余言。意欲为避讳史作一总结束，而使考史者多一门路一钥匙也。纠谬拾遗，以俟君子。一九二八年二月十六日，钱竹汀先生诞生二百周年纪念日，新会陈垣。

略论敬讳对汉语言文化的影响

王彦坤①

语讳是人类语言一种普遍的现象，然而由于生活环境、社会制度、宗教信仰、道德观念、风俗习惯、思维方式、心理情感等方面的差异，各个民族、不同时代语讳的内容、方式及其对于民族文化的影响程度是很不相同的。汉民族历代语讳包括 3 种情况：敬讳、忌讳与憎讳。本文只讨论敬讳现象。由于封建礼制、礼俗的规定和约束，或出于敬重的原因而不敢直称尊长名字，以至讳用与尊长名同形或同音之字，这是敬讳。如汉武帝刘氏名彻，汉人讳"彻"为"通"，而《史记》、《汉书》并称蒯彻作"蒯通"等。敬讳作为中国古代史上特有的现象，其俗起于周，成于秦汉，盛于唐宋，延及清末，历时两千多年，对汉语言文化影响相当广泛、深远。

一、对汉语辞汇的影响

敬讳对汉语辞汇的影响主要表现在以下 4 个方面：

① 王彦坤（1950— ），广东澄海人，著名语言学家，暨南大学中文系教授、博士生导师，研究领域为训诂学、避讳学和文献学，主要著作有《古籍异文研究》、《历代避讳字汇典》、《文史文献检索教程》、《现代汉语三音词词典》、《前四史生僻词语考释》、《姓趣》、《名趣录》、《〈路史〉校注》等。本选文最早发表于《暨南学报》2001 年第 3 期。

（1）增加新义项。如："代"本义为更替（《说文·人部》），而字从"人"，当是表示父子相继的"世代"义，在唐以前仅可用于下而不可行于上，即可以说"三代孙"而不可说"三代祖"。后者本当说"三世祖"，可是到了唐代，因避唐太宗李世民讳，于是有了"某代祖"的说法。《旧唐书·王方庆传》载方庆上奏则天皇帝："臣十代从伯祖羲之书……唯有一卷见今在。又进臣十一代祖导、十代祖洽、九代祖珣、八代祖昙首、七代祖僧绰、六代祖仲宝、五代祖骞……并九代三从伯祖晋中书令献之已下二十八人书，共十卷。"就是例子。又如："讳"本无"名称"义，但因古代避讳盛行，避讳即讳避名称，而"名讳"二字又常连用，加上避讳方法有"标讳"例，即标一"讳"字代替须要讳避的名称，凡此种种，久而久之，便使"讳"字产生了"名称"这一新的义项。《水浒传》第三回："史进道：'小人大胆，敢问官人高姓大名？'那人道：'洒家是经略府提辖，姓鲁，讳个达字。敢问阿哥，你姓什么？'史进道：'小人是华州华阴县人氏，姓史，名进。'"这里，鲁达所谓"讳个达字"意思即是"称个达字"，"名个达字"，此"讳"字实际上与史进回答的"名进"的"名"同义。

（2）出现新读音。如：汉代诸侯国鲁有个属县叫蕃县，取"鲁国南藩"的意思，"蕃"本来读如藩屏的藩。汉末陈逸为鲁相，因陈逸父亲的名字恰好与县名相同，国人避讳，变读县名为音"皮"，由此，"蕃"便有了"皮"的新读音。（元）何异孙《十一经问对·孟子问对》：问曰："《离娄下》'爱人者，人恒爱之；敬人者，人恒敬之'，《文公上》'恒产'、'恒心'，皆训'常'，读亦'常'。今之小学，盍从胡登反？本音如何？"对曰："此恒字系宋真庙讳，今已革命，合依《周易·恒卦》，照十七登韵本音为正……《易·干卦》'进退无恒'、'上下无常'，今老于儒学者尚有'常常'之读，何责小学!"据此可知，宋人曾经因避宋真宗赵恒讳，而赋予"恒"读为"常"的新读音。

（3）产生新词语。如：唐代敬避高祖李渊名讳，于是便有"泉薮"的说法；敬避太宗李世民名讳，庙号因而没有"世宗"而有"代宗"，"世系"也称为"代系"；敬避玄宗李隆基名讳，又称"穹隆"作"穹崇"。这里，"泉薮"、"代宗"、"代系"、"穹崇"等词语，便都是敬讳的产物。又，成语"管中窥豹"，最初的说法应当是"管中窥虎"，《三国志·魏武帝纪》裴注引曹操建安八年令"论者之言，一似管窥虎软"可证。唐人避李渊父讳，改称"窥豹"，于是沿用到了今日。至于"只许州官放火，不许百姓点灯"这一至今家喻户晓的俗语，更完全是出自于宋代的避讳典故。

（4）造成怪诞词及词的怪诞用法。如：晋人避简文郑太后阿春讳，称"春秋"为"阳秋"，于义不通；然而后世仿效，（宋）葛立方竟名所撰诗话为《韵语阳秋》。（宋）范镇父名度，镇所撰《仁宗实录》曰："古者黄钟为万事根本，故尺量权衡，皆起于黄钟。"为避父讳而将"度量权衡"说成"尺量权衡"。然而度、量、权、衡四字并属计量行为，本同一类，改用上一表示计量单位的"尺"字，就不伦不类了。唐高祖李渊祖父名虎，唐人为避讳，于是"画虎不成反类狗"的成语竟成为"画龙不成反为狗"（《后汉书·马援传》），令人费解；还有"熊武之姿"、"握蛇骑武"、"龙行武步"、"武视江湖"一类说法，也都怪诞离奇，失其义理。

二、对汉字使用的影响

敬讳对汉字使用的影响包括 3 个方面：

（1）产生残缺字。利用缺笔来达到避讳目的，这是唐初人的一大发明。陈垣先生《史讳举例》卷一以为："避讳缺笔，当起于唐高宗之世。"方法是：遇到须要敬讳的字，书写时省去一至二画，间或三画。由于此法简便易行且不混淆词义、无须窜改史实，因此出现之后颇为盛行，并一直沿用到了清末。（宋）洪迈在《容斋随笔》中称："孟蜀所刻石经，其书'渊'、'世'、'民'三字皆缺画，盖避唐高祖、太宗讳也。"说的正是这种情况。而今所见传世清代刊本书籍，凡与清帝名同诸字莫不缺笔，则几乎成为定例。

（2）造成异体字。古人遇到须要敬讳的字，有时故意不按常体书写而变其形，于是就造成了一批异体字，其中有的还取代了正字而流传下来。（宋）张世南《游宦纪闻》卷九说："'世'字因唐太宗讳世民，故今'牒'、'叶'、'弃'皆去'世'而从'云'。'漏泄'、'缧绁'又去'世'而从'曳'。'世'之与'云'，形相近；与'曳'，声相近。若皆从'云'，则'泄'为'沄'矣，故又从'云'而变为'曳'也。"又说："'民'则易而从'氏'。'昏'、'愍'、'泯'之类，至今犹或从'氏'也。"说的就是这种情况。又如，金避熙宗完颜亶讳，规定"亶"字写成"从'面'从'且'"；避世宗完颜雍讳，规定"雍"字作"雍"（《金史·孙即康传》）；明避成祖朱棣讳，"棣"字变体作"棣"；清避仁宗颙琰讳，"琰"字变体作"琰"，也都是这一方面的例子。

（3）出现代用字。如：明人避光宗朱常洛讳，凡应当用"常"字的地方每每用"尝"字代。其时所刊书籍，常可见到"尝伯"、"奉尝"、"天尝"、"伦尝"、"纲尝"、"寻尝"、"太尝寺"、"尝熟县"一类词语，内中"尝"字实都是"常"的避讳代用字。清人避高宗弘历讳，凡遇"弘"字多写作"宏"，于是书唐高宗年号弘道作"宏道"，书南明福王年号弘光作"宏光"，书前代弘文馆作"宏文馆"，书唐高宗太子弘作"宏"，书南唐元宗太子弘冀作"宏冀"，书宋宣祖赵弘殷名作"宏殷"。又避圣祖玄烨讳，书籍行文之中用"元"代"玄"，也成定例，毋庸赘述。

三、对名物制度的影响

敬讳对名物制度的影响涉及面相当广泛，影响力也极深远。其中包括：

（1）名物易称。有改官称、爵号的，如：春秋晋僖侯名司徒，因改称司徒为中军；宋武公名司空，因改称司空作司城。（《左传·桓公六年》及杜注）汉武帝名彻，因改彻侯为通侯，或曰列侯。（《汉书·百官公卿表上》）有改姓氏、名字的，如：唐朝丙粲，因避唐高祖父亲、追尊世祖元皇帝李昺嫌名，改姓李氏。后唐王儴，因与时相韦说祖父同名，改名为"操"。（《旧五代史·韦说传》）有改州郡县名的，如：后唐避庄宗父亲李国昌讳，同光二年二月丁酉日经吏部奏请敕准，改易州县名达37处之多。（《册府元龟》卷三十一）有改山、水名的，如：唐避世祖李昺嫌名，改称兴州顺政县大丙山、小丙山为大景山、小景山。后秦避太祖姚苌嫌名，改长水为荆溪。诸如此类的例子非常之多，此不赘举。

（2）文书改式。历代文书用语本来多有定式，但也有因敬避名讳而改变惯常作法的。如：后汉督邮具有推荐人才之权，依照当时的文书式，其板状于正文下当署"某官某甲保举"，却因敬避顺帝刘保讳，改书为"某官某甲守举"。（《通典·职官九》注）宋朝张舜民父名盖，舜民避父讳，所上表，改套语"盖伏……"为"此乃伏……"（陆游《老学庵笔记》卷六）又，宋朝叶梦得《石林燕语》卷四曰："尚书省文字下六司、诸路，例皆言'勘会'。曾鲁公为相，始改作'勘当'，以其父名会，避之也。"（清）阮葵生《茶余客话》卷六载："鄂西林相公名拜，其子孙写刺，止用'顿首'，不写'拜'字。"也都属此类。

（3）职官辞免。晋世定制："父祖与官职同名，皆得改选。"（《晋书·江统传》）唐代规定："诸府号官称犯祖、父名而冒荣居之者，徒一年。"（《唐律·职制篇》）历代因所授职府号官称犯祖、父名而辞职、改选的，例子极多。如：南朝齐文惠太子萧长懋，宋末授秘书丞，因避曾祖承之嫌名，辞不赴任，改中书郎。（《南齐书·文惠太子传》）宋代马骘，绍兴八年知衡州，因为州内有安仁县，与父同名，于是辞官。（庄绰《鸡肋编》）除了府号官称犯祖、父名须要回避之外，晋世还曾回避官职与本人同名。《晋书·江统传》载：江统叔父江春授宜春令，统上疏抗争："臣以为身名与官职同者，宜与触父祖名为比。"朝廷从之。当然，这种避讳都是实行于臣子，所以祗能为避名讳而辞官、为避名讳而改选；至于帝王之家，则是另外一种情况，即因避名讳而变易官称、因避名讳而废置官职。变易官称的例子已见前条，废置官职的例子如：晋世避晋元帝母夏侯太妃光姬讳，就曾一度废置光禄勋一职。

（4）科举应试。史书所载敬讳影响科举的例子不少，其中，有因科目名与祖、父名同（或仅音同）而避不就试的。《旧唐书·李贺传》载："父名晋肃，以是不应进士，韩愈为之作《讳辨》，贺竟不就试。"《宋史·刘熙古传》载："熙古年十五，通《易》、《诗》、《书》；十九，通《春秋》、子、史。避祖讳（刘熙古祖父名实进——笔者注），不举进士。"就是例子。有因主考官姓氏与祖父名同而就试受非议的，如：唐朝裴德融祖父名皋，高锴以礼部侍郎典贡举，德融入试，锴曰："伊讳皋，向某下就试，与及第，困一生事。"（洪迈《容斋续笔》卷十一）有因考生姓氏与父名同音而辞让主考官的，如：唐朝崔殷梦父名龟从，"崔殷梦知举，吏部尚书归仁晦托弟仁泽，殷梦唯唯而已。无何，仁晦复诣托之，至于三四。殷梦敛色端笏曰：'某见进表，让此官矣。'仁晦始悟："己姓，殷梦家讳也。"（《容斋续笔》卷十一引《语林》）还有因科举程文误犯嫌名而枉被黜落的：（明）沈德符《万历野获编》卷一曰："宋钦宗讳桓，则并嫌名丸字避之。科场韵脚用'丸'字者，皆黜落。"宋朝王应麟《词学指南·作文法》引攻愧楼公曰："申锡赴宏辞，多用奇字，已在选中，用'倦舲'字而有司以为犯庙讳嫌名而罢之。"[1]便是例子。更有因名与皇帝御名音近而枉降甲第的：（明）黄溥《闲中今古录》载："天顺庚辰，殿试读卷，定祁顺卷第一。既而司礼监太监问所定卷，阁老以姓名对，太监曰：'此卷固出人一等，但传胪时北方人音与御名相似'[2]。阁老愕然，乃以王一夔卷易之，而祁第二甲中。"

（5）礼仪攸关。敬讳涉及礼仪，最明显的例子是"请讳"制度的应运而生。汉世以后，讳避渐严，为防无意之中触犯对方——尤其是上司——家讳，于是产生了所谓的"请讳"制度。《晋书·王述传》载：永和十年，"（述）代殷浩为扬州刺史，加征虏将军。初至，主簿请讳。报曰：'亡祖先君，名播海内，远近所知，内讳不出门，余无所讳。'"便是"请讳"见于史书中的例子。明朝叶子奇《草木子·杂制篇》更是颇为详细地记载了宋人"请讳"的做法："宋有礼筵，名曰大排。凡所招亲宾，则先请其三代名讳。筵中倡优杂戏歌曲，皆逐一刊定回避，然后呈进。及入人家，皆先问父祖讳，然后接谈，冀无误犯。"此外，敬讳还影响到礼用器物的改制，如：唐高祖李渊祖父名虎，唐朝始一建立，即废用银虎符，改用铜鱼符。（见《旧唐书·高祖本纪》）影响到典礼的参与，如：明代丁矿，父亲名宾，丁矿因此屡次乡饮举宾而坚辞不赴。（见〈清〉邵长蘅《丁九贡先生墓志铭》）影响到礼节应酬，如：宋英宗次子赵颢封徐王，颢旧属官僚郑穆本来极想前往庆贺，却因所说方言"颢"、"贺"同音，因而作罢。（见〈宋〉张耒《明道杂志续志》）

四、对文献典籍的影响

敬讳对文献典籍的影响主要表现在对古书文字的删改上。如汉世避高帝刘邦讳，蔡邕所书熹平石经，凡经文中"邦"字都改作"国"。因而《尚书·盘庚中》"安定厥邦"变成"安定厥国",《论语·八佾》"邦君"变成"国君",同书《微子》"何必去父母之邦"变成"何必去父母之国"。姚思廉撰《梁书》,讳避父姚察名,《刘孝绰传》中引《论语·卫灵公》"众恶之,必察焉;众好之,必察焉",两"必察焉"并改作"必监焉"。《晋书》避唐世祖李昺庙讳,《礼志中》载张华造甲乙之问以论丧服,有"甲娶乙为妻,后又娶景"云云,简直不知所云。宋朝米芾书《千字文》,避宋太宗赵炅旧名光义讳,遂将"金生丽水,玉出昆冈,剑号巨阙,珠称夜光"四句省去。显然,这种删改造成古书文字失真,内容费解。严重的还会引致史实的淆乱,如:《新五代史·杜重威传》有给事中陈同,实名陈观,欧阳修父名观,讳其同名而改为"同"。《辽史·圣宗纪五》载:统和二十六年七月,"谥皇太弟李胡曰钦顺皇帝。"此"钦顺"实为"恭顺",陈大任避金章宗父允恭名追改。魏朝张揖著书名《广雅》,至隋避炀帝杨广讳,被窜改作《博雅》,《崇文总目》卷一小学类上乃有"《博雅》十卷,张揖撰"的记载。《新唐书·地理志一》凤翔府扶风郡宝鸡县,注曰:"东有渠引渭水入升原渠,通长安故城,咸通三年开。"此"咸通"实是"咸亨",为唐人讳避肃宗李亨名而篡改的遗留。可是这样一改,便与190年后唐肃宗时的"咸通"年号相混淆了。

总之,敬讳于古代汉文化影响至深、至广、至巨。今天看来,其积极作用少而消极作用多。不过,作为一种曾经在人们日常生活中存在了两千多年之久的文化现象，还是有许多值得研究、探讨的地方。

注释：

①后一例"倦□"之"□"字本当作"□"，《方言》卷十二："□，□也。"《集韵》音竭戟切。俗省作"□"，遂与亭名"□□"、《类篇》胡官切音桓之"□"相混。

②御名：指明英宗（朱）祁镇。

[参考文献]

[1] 陈北郊：《汉语语讳学》，太原：山西人民出版社1991年版。

[2] 王彦坤：《历代避讳字汇典》，郑州：中州古籍出版社1997年版。

[3] 陈垣：《史讳举例》，上海：上海书店出版社1997年版。

中国避讳学：历史分期与学科构建①

卞仁海

　　我们常用的"筷子"，上古时称"箸"，由于与"住"谐音，船家行船打渔就忌讳说"住"，于是就讳"箸"为"筷"（快）；唐高祖李渊太祖名李虎，时人便讳"虎"为"豹"，成语"管中窥虎"被改为"管中窥豹"。这些都是常见的避讳现象。所谓避讳，就是出于迷信、畏惧心理，或是由于政治、礼制等原因，在语文生活中或在行为方式上要回避相关名物的现象。张世南《游宦纪闻》："殷人以讳事神，而后有字。"可见早于殷商时期即有避讳之俗。自兹以降，避讳之俗愈演愈烈，延垂数千载，充斥于人们的日常生活，影响了社会生活的方方面面。

　　出于畏惧、迷信心理形成的避讳，称为俗讳；由于礼制、政治原因而形成的避讳，称为敬讳。传统避讳学多以敬讳为研究对象，我们可以将避讳分为广义和狭义两类。广义的避讳包括俗讳和敬讳，狭义的避讳仅指敬讳。在历代关注、研究的避讳现象中，敬讳居绝大多数，避讳学史上也以研究敬讳的内容居多。

　　历代都有人关注和研究避讳现象，有关避讳的研究早已形成了一门学问。"研究避讳而能应用之于校勘学及考古学者，谓之避讳学。避讳学

---

① 该文原载于《求索》2015 年第 1 期。

亦史学中一辅助学科也"。① 数千年来，举凡史乘、经传、专论、辞书、类书甚或笔记散文，且不说俯拾皆是的避讳记载，更有大量篇什包含避讳研究的内容。据笔者粗略统计，历代研究避讳的专著有40种，含有避讳专题研究著作230余种，研究论文350余篇。历史悠久、文献丰富、成就巨大，是中国避讳学研究的最显著特点。尽管历代避讳学研究成果丰硕，但可惜的是，关于中国避讳学的学术研究史，截至目前，国内外的研究还是一片空白。治学先治史，这种专题学术研究史空白的局面，对于避讳的学习、研究、应用以至避讳学的发展，都是非常不利的。

一、中国避讳学的历史分期

科学厘清我国避讳研究的发展过程，总结吸收前人的优秀学术成果，为建立一门体系完备、方法先进的中国避讳学提供历史的借鉴，这就需要构建一部系统完备的中国避讳学史。构建任何专题学术史，其首要问题当是学术史的分期问题。我们认为，避讳学史的分期应当兼顾两条标准：一是避讳研究本身呈现出的阶段性特征；二是联系传统学术史。

传统学术，经学一统天下，文史研究均沦为其附庸。避讳研究在相当长的时期内并不是作为一门独立学科存在的，中国古代历史上的避讳学成就，主要蕴含在相关的经传、史籍、语言文字等著作中；述而不作的治学思想、通经为第一要务的功利目的，导致人们长于避讳材料的整理而疏于避讳学的应用研究、理论建设和学科建设，因此，陈垣先生

① 陈垣：《史讳举例》，北京：中华书局2004年版，第1页。

《史讳举例》以前的避讳研究，还不能称之为真正意义上的避讳学。清代是传统学术的鼎盛时期，建立在朴学学风之上的考据之学，为避讳学的形成埋下了种子、孕育了条件。近代社会转型，西学东渐，新材料发现，西方学术的理论方法介入，经学时代终结，传统学术发生了分化重组，比如"小学"就嬗变为汉语言文字学；此时的避讳研究也得以摆脱附庸，金蝉脱壳，独立发展为避讳之学，实为时代的必然。

基于以上标准和特点，我们将中国避讳学史分为以下四个时期：先秦至明代，有大量的典籍记载了避讳之制、之俗，但它们仅仅是历朝讳例、讳法的归纳和罗列，并未涉及避讳的应用和理论。这一时期我们称之为避讳史料学时期。清人埋首故纸，谙熟材料，精于考证，有很多避讳专题的著录，下启近人陈垣，是现代避讳学的滥觞。我们把清代称为避讳学的萌芽期。近人陈垣的《史讳举例》首次建立了现代避讳学的学科框架和理论体系，标志着避讳学的形成。近代是避讳学的形成期。《史讳举例》以降，避讳学取得了长足进展，称为避讳学的发展期。

（一）避讳史料学时期：先秦至明代

最早著录避讳讳例的专著是东汉应劭所撰《旧君讳仪》二卷（《隋书·经籍志·仪注类》存目），惜已亡佚；其撰《风俗通》中还有一《讳篇》，亦佚。① 东汉张昭撰有《宜为旧君讳论》（《三国志·张昭传》存目），亦佚。有清以前历代经史中出现了一些专门记载、解释避讳的著

① 后人辑得其中四条佚文，见王建：《中国古代避讳史》，贵阳：贵州人民出版社 2003 年版，第 57 页。

述，保存了大量的避讳材料，这些都是研究历代避讳的珍贵资料，因此，我们称这一时期为避讳史料学时期。

《左传》、《礼记》等典籍中大量有关秦汉避讳制度的记载，为后世研究避讳提供了史料。有关避讳的最早记载则出自《尚书·金縢》："惟尔王孙某，遘厉疟疾。是有丕子之责于天，以旦代某之身。"孔安国传："元孙，武王。某，名。臣讳君。故曰某。"《左传·桓公六年》里有最早讨论避讳与命名关系的文字，即"六避"原则：

> 名有五，有信，有义，有象，有假，有类。以名生为信，以德命为义，以类命为象，取于物为假，取于父为类。不以国，不以官，不以山川，不以隐疾，不以畜牲，不以器币。周人以讳事神，名，终将讳之。故以国则废名，以官则废职，以山川则废主，以畜牲则废祀，以器币则废礼。晋以僖侯废司徒，宋以武公废司空，先君献、武废二山，是以大物不可以命。①

《礼记》是我国早期避讳之制的渊薮。《礼记》记载了大量有关避讳的规定，如公讳和私讳，取名和称名如何避讳，当讳或不讳，避讳的管理等等。这些讳制在当时不仅以"礼"的形式加以固定，而且被后来的历代统治者提倡和利用，致使避讳之制愈演愈烈，范围不断扩大，讳法也渐趋森严。《礼记》不仅反映了其时的避讳状况，也是研究避讳史的重要材料。

---

① （晋）杜预：《春秋左传集解》，上海：上海人民出版社1977年版，第92页。

魏晋时期，陈寿撰《释讳》（常璩《华阳国志》存目），惜亡佚。北齐颜之推作《颜氏家训》，其中有时人避讳的记载，是研究南北朝避讳的重要材料。尤其是其中记载了一些士人才子避家讳的例子，反映了当时避私讳的风气，如《风操》第六：

> 近在扬都，有一士人讳审，而与沈氏交结周厚，沈与其书，名而不姓，此非人情也。凡避讳者，皆须得其同训以代换之：桓公名白，博有五皓之称；厉王名长，琴有修短之目。不闻谓布帛为布皓，呼肾肠为肾修也。梁武小名阿练，子孙皆呼练为绢；乃谓销炼物为销绢物，恐乖其义。或有讳云者，呼纷纭为纷烟；有讳桐者，呼梧桐树为白铁树，便似戏笑耳。①

唐人无名氏撰《讳行略》一卷（《新唐书·艺文类·谱谍类》存目），已亡佚。唐代避讳渐趋严苛，甚至将避讳写进了法律，即上升为国家意志。《唐律疏议》为中国现存最古、最完整的封建刑事法典，其中即有避讳的条文，如卷十《职制篇》："诸上书若奏事，误犯宗庙讳者，杖十八；口误及余文书误犯者，笞五十。……即为名字触犯者，徒三年。"唐杜佑撰《通典》，收集了大量的避讳材料，是研究唐以前避讳历史的重要材料。自唐至清的历朝法律中，对于哪些须要避讳，犯了讳如何处罚，都有明确的条文加以规定。因此，唐代以降的历代法律就成了研究避讳

---

① （北齐）颜之推：《颜氏家训》，太原：山西古籍出版社 1999 年版，第 46 页。

的重要史料。

　　宋代避讳，甚为繁多；与之相应，宋人研究避讳者亦多。有宋敏求撰《讳行后录》五卷（《宋史·艺文志·卷二》存目），李椿撰《中兴登科小录》三卷、《姓类》一卷（陈振孙《直斋书录解题》存目），皆亡佚。吕祖谦《古文关键》、彭叔夏《文苑英华辩证》、洪迈《容斋随笔》、王楙《野客丛书》、王观国《学林》、吴曾《能改斋漫录》、周密《齐东野语》、岳珂《愧郯录》等都均有专题记载、研究历代避讳。

　　王观国《学林》中的避讳研究见于卷三《名讳》，其中搜集了自周至五代避讳的大量用例；王楙《野客丛书》中的避讳研究见于卷九《古人避讳》、卷十七《昏字》、卷十九《避高祖讳》，其中搜集了自秦至北宋经史中的避讳用例以及个别用例的考证；周密《齐东野语》卷四汇集了秦到南宋高宗时的避讳，以见其流变发展，并分"避君讳"、"避太子讳"、"避后讳"、"避国主、诸侯讳"等，条分缕析。岳珂《愧郯录》保存了宋代避讳的原始资料，如避旧讳的史料、文书式及文书令演变的史料等，对于研究宋人避讳有很大参考价值。

　　《宋会要》是当朝史官收集典章制度的著作，散佚后有人辑成《宋会要辑稿》。其中有关避讳的材料集中在《仪制》十三，分类收录了帝讳、庙讳、群臣名讳、家讳、改地避讳、辞官避讳、犯讳、不讳等材料。《宋会要辑稿》中大量的有关避讳的原始资料对于研究宋代避讳有着很大的参考价值。① 此外，宋人的著录中有很多有关避讳的内容，如《通志》、《册府元龟》、《太平御览》、《事文类聚》、《容斋随笔》、《四朝见

---

①　王建：《中国古代避讳史》，贵阳：贵州人民出版社 2003 年版，第 219 页。

闻录》、《能改斋漫录、》《鸡肋编》、《老学庵笔记》、《困学纪闻》等。

明代郎瑛《七修类稿》、沈德符《万历野获编》中也有著录避讳的内容。此外，历朝的断代史或通史专著记载有大量的讳例，是研究历代避讳的重要史料，如《史记》、《资治通鉴》、《汉书》、《后汉书》、《三国志》、《晋书》、《宋书》、《南齐书》、《梁书》、《陈书》、《南史》、《北史》、《魏书》、《周书》、《北齐书》、《隋书》、《旧唐书》、《新唐书》、《旧五代史》、《新五代史》、《宋史》、《金史》、《辽史》、《元史》、《明史》等。

（二）避讳学的萌芽期：清代

有清一代，避讳研究者众多，出现了很多研究避讳的专著和专题，尤其是周广业和钱大昕的避讳研究：周氏《经史避名汇考》集避讳材料之大成，是避讳史料学的终结者；钱氏运用避讳解决文史考证等问题，于避讳学的应用研究筚路蓝缕，有开启之功，为避讳学的形成准备了条件。因此，我们称清代为避讳学的萌芽期。

清代有关避讳研究的专著有宋余怀《帝讳考略》、周榘《廿二史讳略》、陆费墀《历代帝王庙谥年讳谱》、黄本骥《避讳录》、刘锡信《历代讳名考》、周广业《经史避名汇考》等。含有避讳专题研究的著录有顾炎武《日知录》，王鸣盛《十七史商榷》，王昶《金石萃编》，赵翼《陔余丛考》、《廿二史札记》，钱大昕《十驾斋养新录》、《廿二史考异》、《潜研堂金石文跋尾》、《潜研堂文集》，俞正燮《癸巳存稿》，凌阳藻《蠡勺编》，尤侗《亘斋杂说》，王敬之《王宽甫全集》，张之洞《輶轩语》，周寿昌《思益堂日札》等。此外，《古今图书集成》、《渊鉴类函》中也有考论避讳的内容。

陆费墀撰《历代帝王庙谥年讳谱》的目的是要编撰查检自汉至明历代帝王庙谥年讳的工具书；周榘《廿二史讳略》在宋余怀《帝讳考略》的基础上增辑而成；黄本骥《避讳录》分卷按朝代记载历代避讳。以上三书对于查检历代避讳有一定的参考价值，其缺点陈垣先生有评："此三书同出一源，谬误颇多，不足为典要。……人云亦云，并未深考。其所引证，又皆不注出典，与俗陋类书无异。其所纪录，又只敷陈历代帝王名讳，未能应用之于校勘学及考古学上发人深思，所以有改作之必要也。"① 刘锡信《历代讳名考》高出以上三书的地方在于材料翔实，且注明材料的出处，言之有故。《续修四库全书总目提要》就评论说："持论颇精切，多所发明，其有沿习至今而不改者，均为指明。是则不特有裨典故，且足为读史之助也。"顾炎武《日知录》卷二十三研究古代避讳，对"已祧不讳""以字为讳""生而有讳"等专题进行了深入的考证，而且注重利用石刻材料和典籍相互印证，体现了顾氏实事求是的学风。

周广业用三十余年搜集避讳史料，成《经史避名汇考》（下简称《汇考》）四十六卷，材料丰赡，可谓是避讳史料学的终结者。《汇考》以经史为纲，以诸子百家为条目，避讳材料见于经史者纤介必录，诚为避讳资料之渊薮。今人王建、王彦坤编避讳辞书，受其沾溉良多。《汇考》内容丰富，考证精当，其中的史料和专题论述（一代讳例的总结、讳例的分析和考证等），是构成避讳学不可或缺的基本素材或要件。其缺点是未及避讳在文史研究和古籍整理中的应用。台湾学者乔衍琯曾指出

---

① 陈垣：《史讳举例序》，北京：中华书局 2004 年版，第 1 页。

其失有四：一、不及本朝；二、重石经不重版刻抄本；三、四裔藩属相
对薄弱；四、只是数据集成，未能建立完整的避讳学体系。① 符合其实。

钱大昕的避讳研究，散见于《十驾斋养新录》、《廿二史考异》、《潜
研堂金石文跋尾》、《潜研堂文集》诸书。钱氏对避讳学的最大贡献，就
是将避讳理论应用于研究的成功实践。他运用避讳知识解决了校勘、考
据、版本等古文献研究中的大量问题。② 陈垣作《史讳举例》，很多材料
直接取材于钱氏《廿二史考异》、《十驾斋养新录》，并据以设立义例。
因此，钱氏于现代避讳学的形成，有开启之功。

（三）避讳学的形成期：近代

近人的避讳研究，陈垣有专著《史讳举例》。此外，陈氏还有《旧
五代史辑本发覆》、《薛史辑本避讳例》两种，是对四库馆臣辑本《旧五
代史》中避讳用例的阐释发明；又《资治通鉴注表微》卷五 "避讳篇"，
是对胡注《资治通鉴》中有关避讳的专论。张惟骧的专著《历代讳字
谱》，以表格的形式按声韵排列汉至清朝帝王的名讳；另有《家讳考》
一卷，收帝王之外 46 人避家讳用字。张氏二书收例较少，尤显缺略单
薄，但张氏首创的以讳字立条目的编写体例，为今人王彦坤编《历代避
讳字汇典》、王建编《史讳辞典》等避讳辞书提供了体例上的借鉴。另
有日本学者穗积陈重的专著《实名敬避俗研究》（1925）。

陈垣《史讳举例》的问世，标志着避讳学的形成。该书仿俞樾《古

---

① 范志新：《避讳学》，台北：台湾学生书局 2006 年版，第 352 页。
② 详见严修：《避讳义例是钱大昕的训诂之钥》，《复旦学报》1986 年第 5 期。

书疑义举例》体例，考论避讳条例八十二条，分八卷：卷一避讳所用之方法，卷二避讳之种类，卷三避讳改史实，卷四因避讳而生之讹，卷五避讳学应注意之事项，卷六不讲避讳学之贻误，卷七避讳学之利用，卷八历朝讳例。陈氏对避讳学的贡献在于：

第一，明确了什么是"避讳"和"避讳学"。陈氏在序言中给避讳下了定义："民国以前，凡文字上不得直书当代君主或所尊之名，必须用其他方法以避之，是之谓避讳。"对避讳学的定义是："研究避讳而能应用之于校勘学及考古学者，谓之避讳学。避讳学亦史学中一辅助学科也。"可见，《史讳举例》的学科意识非常明显，其编撰目的就是："意欲为避讳史作一总结束，而使考史者多一门路、一钥匙也。"（《史讳举例·序》）

第二，概述了避讳的历史。陈氏认为："避讳为中国特有之风俗，其俗起于周，成于秦，盛于唐宋，其历史垂二千年。"他考证了历代讳例，勾勒了秦汉至南北朝的避讳演变，总结了唐、五代、宋、辽、金、元、明、清历代避讳的特点。

第三，揭示了避讳学的应用。陈氏主张避讳知识用于文史考证，认为："不讲避讳学，不足以读中国之史也。"他揭示避讳的方法、种类、避讳对文史研究的影响，避讳学的注意事项，不讲避讳学的贻误，根本目的在于避讳学的运用，卷七避讳学之利用就总结了十一条，包括了以下四个方面，一是利用避讳考证人物，二是利用避讳考年代，三是利用避讳辨典籍真伪，四是利用避讳校勘古籍。

可见，陈氏《史讳举例》第一次初步建立了现代避讳学的学科体系，标志着现代避讳学的形成。胡适曾在《读陈垣〈史讳举例〉论汉讳诸条后记》中指出："陈先生此书，一面是结避讳制度的总账，一面又是把避讳学做成史学的新工具。"① 杨树达也撰文说："自有此书，而避讳之学卓然成为史学中之一专科，允为不祧之名著。"②

（四）避讳学的发展期：现代

《史讳举例》问世以来，避讳之学在避讳辞书的编纂、避讳的专题研究、应用研究和学科建设等方面取得长足进展，出现了大量的专著和论文，我们称该期为避讳学的发展期。但相关研究均不出陈垣先生所构建的避讳学框架。

避讳专著有：综论有王新华《避讳研究》（2007），范志新《避讳学》（2006），陈北郊《汉语语讳学》（1991）；避讳史有王建《中国古代避讳史》（2002），吴良祚《太平天国词语避讳研究》（1993）；辞书有王彦坤《历代避讳字汇典》（2009），王建《史讳辞典》（2011），李德清《中国历史地名避讳考》（2002）；专题研究有卜仁海《汉字和避讳》（2015），汪受宽《谥法研究》（1995），李中生《中国语言避讳习俗》（1991）。

关涉避讳研究的论文，据笔者统计，有 180 多篇，涉及避讳学研究的很多方面，包括综论（34 篇），避讳史（15 篇），避讳的影响（7篇），避讳的利用（29 篇），专题考论（92 篇），书评（6 篇）。综观以上现代有关避讳的论著，有以下特点：

---

① 胡适：《胡适书评序跋集》，长沙：岳麓书社 1987 年版，第 124 页。
② 杨树达：《积微居小学金石论丛》，北京：中华书局 1983 年版，第 268 页。

第一，避讳辞典有力作问世。主要有王建《史讳辞典》、王彦坤《历代避讳字汇典》和李德清《中国历史地名避讳考》。尤其是王彦坤编著的《历代避讳字汇典》，是迄今为止汇录历代避讳字材料最为丰赡的工具书。全书征引古今图书近 500 种，所收避讳材料上至先秦，下至民国，以史料为主，公讳、私讳兼收，正讳、偏讳、嫌名并录，共收历代避讳字词 987 个，按朝代和避讳对象不同分立 1298 条，涉及历代因避讳而产生或窜改之人名、地名、书名等近 1 万个。该书依据各朝或各人的避讳本字设立篇目，查检方便。① 王建《史讳辞典》是关于中国历史人物的避讳名辞典，该辞典以历史人物的避讳名或避讳字为立项字头，以避讳词为词条，共 4120 项，涉及中国历史上 48 个朝代的避讳对象人 424 个，避讳对象字 711 个（包含嫌名字）。辞典所列条目清晰，材料丰富，论证严谨，是一部便于检索的避讳学工具书。李德清《中国历史地名避讳考》是根据正史、地理总志、方志、游记、河渠、水利专书以及有关诗词歌赋等材料所编的查询历史地名避讳的工具书；该书所录条目约 800 条，考证精审。

第二，避讳专著成果颇丰。主要有陈北郊《汉语语讳学》、王新华《避讳研究》、王建《中国古代避讳史》和范志新《避讳学》。陈北郊《汉语语讳学》初步搭建了语言避讳学的学科框架。王新华《避讳研究》阐述了避讳的起源与形成原因、避讳的对象与范围、避讳的发展变化、避讳的方式等内容。但陈、王二书均未涉及避讳学的应用，无论对于专

---

①　王彦坤：《文史文献检索教程》，广州：暨南大学出版社 2003 年版，第 133 页。

题研究还是学科建设，都是一缺憾。王建《中国古代避讳史》详细叙述了避讳在中国的起源、演变和各朝代避讳的特点，是第一部完整的中国古代避讳史。卞仁海《汉字和避讳》立足汉字，以语言文化为视角，从汉字和避讳的广泛联系中阐释了丰富多彩的避讳文化；该书兼顾学术性、知识性和趣味性，力求雅俗共赏。范志新《避讳学》是人名避讳学的专著，作者将周氏《经史避名汇考》的资料和陈垣《史讳举例》的理论相结合，试图避周氏理论之短和陈氏材料、形式的缺憾，建立全新的避讳学体系。该书介绍了避讳学的基本原理，包括它的起源、类型、性质、方法和通则诸内容；兼重避讳学的应用，如讳字的鉴定以及运用避讳原理，考证辨析文史疑滞、校勘文字、鉴定版本、古义古音的研究等等；《文献导读》部分，以及附录《历代避讳论著论文索引》对研习者也会有很大裨益。

第三，有关避讳的研究论文，尽管出现了李新魁《历代避讳在古音研究上的利用》①、王彦坤《工具书及史书中不明避讳致误举隅》② 等考论力作，但仍然有相当数量的重复研究。

二、中国避讳学的学科构建

纵观数千年来的中国避讳学史，其研究内容涉及了历史、语言、民

---

① 李新魁：《历代避讳在古音研究上的利用》，载《李新魁音韵学论集》，汕头：汕头大学出版社 1997 年版，第 455－460 页。
② 王彦坤：《工具书及史书中不明避讳致误举隅》，《暨南学报》1992 年第 3 期。

俗、文献等诸多文史学科。正因如此，长期以来，研究者囿于所专，盲人摸象，把避讳学归入了不同的学科。那么，避讳学具有怎样的学科属性和任务？反思历史，前瞻未来，避讳学又如何继往开来地搞好学科构建？

（一）学科属性的廓清

陈垣先生认为"避讳学亦史学中一辅助学科也"，可见，陈氏认为避讳学是从属于历史学的，或者是历史学的下位学科。从语言学的角度看，避讳是一种语言文字的替代行为，属于语言修辞手段，因此，长期以来避讳又被归入修辞学范畴，如陈望道《修辞学发凡》（也有人把它写进社会语言学和应用语言学）。陈北郊先生虽然认为它是"一门独立的学科"①，但他从词汇学的角度研究避讳现象，并名之为"语讳学"。民俗学也研究避讳，因此，避讳学又和社会学、普通心理学有关。避讳又是文化现象，也可以是文化学的一个分支学科。从历史上看，避讳曾经沦为统治工具和权力话语，它又和政治学有关。同时，版本、校勘都要涉及避讳学，因此，它又和文献学有关。

可见，避讳学和历史学、语言学、民俗学、文献学、文化学等诸多人文学科密切相关。但是，避讳学不应该是以上诸多人文学科的附庸；我们应该走出"盲人摸象"的误区，总结出避讳的一般规律，建立独立的避讳学。

独立的避讳学科应该称之为普通避讳学或一般避讳学，它和多学科

---

① 陈北郊：《汉语语讳学·前言》，太原：山西人民出版社1991年版，第1页。

有关，所以它是边缘性的学科；它和相关学科结合，可以衍生出下位学科，比如史讳学、语讳学、俗讳学，避讳文化学、避讳文献学等等。但这些下位学科应该是从属于避讳学的，而不是从属于其他相关学科。因此，从这个意义上说，陈垣先生所说的避讳学应该是避讳学的下位学科——史讳学；陈北郊先生所说的"汉语避讳学"，也应当是避讳学的下位学科——语讳学。

避讳学是应用性很强的工具学科，避讳研究的根本目的在于运用：避讳学要帮助读者扫清因避讳而引起的古文献的文字障碍，并解释有关的文化现象；对文史研究者而言，它有助于古音古义考证、古籍校勘、年代考订，伪书鉴别，版本鉴定等文史考证和文献整理工作。

当然，我们所主张的普通避讳学应该作为一门独立的学科，并不是要把它和历史学、语言学、民俗学等学科等量齐观，而是该门学科独立后，随着研究领域的缩小和研究方法的更具针对性，将会更有利于避讳学的普及、学习、研究和应用。

至此，我们可以给出（普通）避讳学的定义：避讳学是一门研究避讳现象发生发展一般规律及其应用的边缘学科，它也是一门指导文史阅读和文献整理的应用型工具学科，与之密切相关的学科主要有历史学、语言学、民俗学、文献学、文化学等。

（二）学科任务的厘定

明确学科任务是学科重建的前提。基于以上学科属性，避讳学的学科任务应该是：第一，研究史讳、语讳、俗讳等各类避讳现象的特殊规律；在此基础上总结出各类避讳发生、发展变化的一般规律。第二，总结避讳学的应用规律和理论体系，进而应用于以下三个方面的工作：扫清文字障碍，指导文献阅读和文史材料甄别；促进历史、语言、民俗、文化等相关学科的研究；指导文献校勘、伪书鉴别、版本鉴定等文史考证工作。

（三）学科建设的建议

基于以上学科任务，学科框架也发生了改变，避讳学亦亟需构建。尽管作为下位学科的史讳学、语讳学、避讳文化学的研究取得了长足发展，但作为上位学科的普通避讳学学科尚未建立。在重视挖掘传统文化的今天，这种现状对发挥避讳学科的工具性，即指导文史阅读和古籍整理，是非常不利的。因此，反思历史和现状，前瞻未来的避讳学研究，提出以下诸点：

第一，继续深入搞好普通避讳学的下位学科诸如史讳学、语讳学、俗讳学，避讳文化学、避讳文献学等的研究。

普通避讳学作为上位学科，其建设有赖于史讳学、语讳学、俗讳学等下位学科的研究进展；或者说，下位学科是普通避讳学的基础。尤其是避讳文献学，目前的研究还是个案的、零散的，只是在具体典籍的研究中，涉及和避讳相关的版本、校勘问题时才有揭示，而系统性、规律性的研究尚未见到；相当多的典籍中的避讳讳例也亟须整理和归纳。只有穷尽性地占有避讳材料，避讳学的研究才能全面而系统，而不致于挂一漏万，或以偏概全。

第二，用跨学科的多维视角，在各下位学科研究的基础上，总结出历代避讳和各类避讳的一般规律及其应用规律，建立普通避讳学的学科体系，编著出一部教材性质的《普通避讳学概论》。

中国传统学术理论空气薄弱，学者又必须通经学才能考取功名，狭隘实用的功利目的使得避讳的应用规律和理论研究长期不受重视，从而限制了避讳学的发展。现代的避讳学研究必须突破这一窠臼。避讳是心理现象，又是社会现象；避讳是语言现象，又是历史文化现象，其间渗透了诸多民族文化的内涵。因此，要研究避讳学，就需要进行心理学、社会学、语言学、民俗学、文化学等诸多人文学科的多维观照。惟其如此，才能把握中国避讳学独特的人文内涵。

我们须用跨学科的多维视角，既重视史讳、语讳、俗讳等的特殊规律，又要重视各类避讳的一般规律和学科体系建设；既重视其理论研究，又要注重揭示其应用规律；既重视描写，更要注重解释。所谓描写，就是避讳材料的整理和归纳，所谓解释，就是揭示各类避讳的发生、发展、演变和应用的机制和规律。比如，关于中国的人名避讳，相关的研究只是描写历代如何进行人名避讳，但为什么只有中国人进行人名避讳，而西方人几乎不避名讳？这就需要进行跨文化比较，从中国人特有的思维方式、文化模式、社会制度等方面进行综合性的解释。只有满足以上条件的《普通避讳学概论》问世了，普通避讳学学科才算真正建立。

第三，要引入新的研究方法。学术研究，方法至关重要，尤其是现代计算机技术，可用来进行定量定性分析。如利用计算机技术可以对历代避讳材料进行检索、统计和分类，既实现了对材料的宏观把握，又可以多角度微观考察材料，从而提高研究的速度、广度和信度。比如，传统避讳学认为历代避讳以宋代避讳最为严苛和繁多。但是，利用计算机软件对48个朝代的4120项讳例进行测查，发现唐代讳例有1303项，两宋只有 781 项；在全部的 424 个避讳对象中，前四位的均是唐代皇帝及其宗族，李世民（318 项）、李虎（197 项）、李渊（153 项），李治（103 项），而宋代最多的赵祯（69 项）、赵匡胤（66 项）均比唐代少；避讳用字方面，最多的也是唐代的李世民，要避 24 个字，其次是李隆基，要避 11 个字，而宋代最多的赵祯只须避 8 个字。① 因此，通过计算机技术的测查，可以得出新的结论：唐代避讳比宋代更为严苛和繁多。

第四，加强避讳学知识的普及。虽然当下也有一些普及性质的避讳论著，但真正做到雅俗共赏，知识性、趣味性、学术性兼具的论著则乏善可陈。如何将避讳学的学术性深入浅出地融入到趣味性和知识性之中，是当前避讳学工作者面临的共同课题。普及是提高的准备，只有多出高质量的普及性质论著，才能在普及的基础上壮大学术队伍，形成研学氛围，进而提高避讳学的整体研究水平。

第五，避免重复研究，拓宽避讳学的研究领域。或是学术信息不灵，或是不良学术风气所致，近年来有大量的避讳学重复研究。其重复研究主要集中在敬讳领域，如有关避讳的方法，就有十多篇内容相仿的文章；以"避讳概说"、"浅谈避讳"、"小议避讳"、"避讳初探"等为题的文章就达数十篇之多，而内容则都是排比历代讳例，泛泛而谈，陈腐相因，了无新意。有些方面的研究尚须加强，如关于俗讳的研究就相对不足。

第六，加强避讳学的应用研究。如前述，避讳学是工具学科，其价值在于指导文史阅读和古籍整理的实际应用。避讳字和时代的对应关系

① 数据来自日本学者中岛敏夫的统计，见王建《史讳辞典》，上海：上海古籍出版社 2011 年版，第 284 页。

非常严整，通过讳字可以判断古籍的成书时代或鉴别伪书，如北京师范大学藏有三十八卷本《明谥考》，已定论为清代学人所抄，但具体年代不详。书中卷内"弘"字作"宏"、"曆"字作"歷"，可见避乾隆弘曆名讳；而"琰"字则不避讳，可见不避仁宗顒琰名讳。于是便知该书避讳至乾隆时代止，进而可判定该书是乾隆年间的抄本，成书年代就更精确了。① 再如《新唐书·艺文志》载有隋代王通所著《中说》一书，但王通既为隋人，应避隋文帝之父杨忠嫌名"中"字。当避不避，陈垣先生据此认为，《中说》并非隋王通所撰，而系伪书。② 又如台湾学者刘广定利用《红楼梦》各抄本中的避讳字考定它们的抄成年代。③

目前避讳学的应用研究取得了一些成绩，如陈垣《史讳举例·避讳学之利用》，严修《避讳义例是钱大昕的训诂之钥》，吴良祚《太平天国避讳的研究和利用》，许元等《略论避讳在太平天国史料外部考订中的利用》，窦怀永等《敦煌写本的避讳特点及其对传统写本抄写时代判定的参考价值》，毛进云等《从皇帝的避讳看〈伤寒论〉的疑点》，曹洁等《避讳在〈近思录〉版本鉴别中的应用》等，都很好地利用避讳学知识解决了相关问题。

但避讳学的应用研究尚需加强，尤其是在如何利用避讳学指导文献阅读和进行文史考证等方面，其空间广阔，大有可为。我们要以避讳学的应用研究促进学科重建，从而形成二者的良性互动。因为应用性始终是一门学科的价值所在，唯其如此，中国避讳学才有柳暗花明的新天地。

---

① 卞仁海：《古代语讳和文史研究》，《广西社会科学》2005 年第 9 期。
② 陈垣：《史讳举例》，北京：中华书局 2004 年版，第 101 页。
③ 刘广定：《〈红楼梦〉抄本抄成年代考》，《明清小说研究》1997 年第 2 期。

参考文献

［1］（北齐）颜之推：《颜氏家训》，上海：上海古籍出版社1992年版。

［2］（宋）陆游：《老学庵笔记》，青岛：青岛出版社2002年版。

［3］（宋）王楙：《野客丛书》，北京：中华书局1987年版。

［4］（宋）王观国：《学林》，北京：中华书局1988年版。

［5］（宋）岳珂：《愧郯录》，丛书集成初编本。

［6］（宋）周密：《齐东野语》，北京：中华书局1983年版。

［7］（清）顾炎武著，黄汝成辑：《日之录集释》，长沙：岳麓书社1994年版。

［8］（清）黄本骥：《避讳录》五卷，三长物斋丛书本。

［9］（清）刘锡信：《历代讳名考》，几辅丛书本。

［10］（清）陆费墀：《历代庙王庙谥年讳谱》一卷，四部备要本。

［11］（清）钱大昕：《十驾斋养新录》，北京：商务印书馆1957年版。

［12］（清）钱大昕：《廿二史考异》，北京：商务印书馆

1958 年版。

[13]（清）周广业：《经史避名汇考》，北京：北京图书馆出版社 1999 年版。

[14]（清）周榘撰：《廿二史讳略》一卷，啸园丛书本。

[15]（清）赵翼：《陔余丛考》，北京：中华书局 1982 年版。

[16]（民国）陈垣：《史讳举例》，北京：中华书局 1962 年版。

[17]（民国）张惟骧：《历代讳字谱》二卷（内附《家讳考》一卷），小双寂庵丛书本。

[18]卞仁海：《中国古代的语讳》，《语文建设》2003 年第 3 期。

[19]卞仁海：《汉字和中国古代语讳文化》，《广西社会科学》2003 年第 9 期。

[20]卞仁海：《古代语讳和文史研究》，《广西社会科学》2005 年第 9 期。

[21]卞仁海：《语讳生成与权力话语——中国古代语讳的人文阐释》，《信阳师范学院学报》2006 年第 5 期。

[22]卞仁海：《河南信阳历史地名因避讳改易考》，《现代语文》2013 年第 8 期。

[23]曹之：《中国古籍版本学》，武汉：武汉大学出版社 1992 年版。

[24]陈北郊：《汉语语讳学》，太原：山西人民出版社 1991

年版。

[25] 杜泽逊：《文献学概要》，北京：中华书局 2001 年版。

[26] 范志新：《避讳学》，台北：台湾学生书局 2006 年版。

[27] 李德清：《中国历史地名避讳考》，上海：华东师范大学出版社 2002 年版。

[28] 王建：《中国古代避讳史》，贵阳：贵州人民出版社 2003 年版。

[29] 王建：《史讳辞典》，上海：上海古籍出版社 2011 年版。

[30] 王新华：《避讳研究》，济南：齐鲁书社 2007 年版。

[31] 王彦坤：《历代避讳字汇典》，郑州：中州古籍出版社 1999 年版。

[32] 王彦坤：《历代避讳字汇典》（修订版），北京：中华书局 2009 年版。

[33] 王彦坤：《古代避讳的方法》，《古籍整理研究学刊》 2001 年第 1 期。

[34] 王彦坤：《略论敬讳对汉语言文化的影响》，《暨南学报》2001 年第 3 期。

[35] 王彦坤：《工具书及史书中不明避讳致误举隅》，《暨南学报》1992 年第 3 期。

[36] 吴良祚：《太平天国避讳研究》，南宁：广西人民出版社 1998 年版。